温州大学资助出版
国家体育总局体育社会科学研究成果（课题号：2071SS14102）

文化生态学视野下
我国城市体育公园发展研究

郑 霞 著

责任编辑：吴海燕
责任校对：姜艳艳
版式设计：李　鹤

图书在版编目（CIP）数据

文化生态学视野下我国城市体育公园发展研究 / 郑霞著. -- 北京 ：北京体育大学出版社, 2018.3
ISBN 978-7-5644-2870-9

Ⅰ. ①文… Ⅱ. ①郑… Ⅲ. ①城市－体育－公园－发展－研究－中国 Ⅳ. ①G812

中国版本图书馆CIP数据核字（2018）第067630号

文化生态学视野下我国城市体育公园发展研究
Wenhuashengtaixue Shiye Xia Woguo Chengshitiyugongyuan Fazhanyanjiu　郑霞　著

出版发行：北京体育大学出版社
地　　址：北京海淀区农大南路1号院2号楼2层办公B-212
邮　　编：100084
网　　址：http://cbs.bsu.edu.cn
发 行 部：010-62989320
邮 购 部：北京体育大学出版社读者服务部 010-62989432
印　　刷：北京虎彩文化传播有限公司
开　　本：710mm × 1000mm　1/16
成品尺寸：170mm × 240mm
印　　张：9. 5
字　　数：207千字
版　　次：2018年3月第1版
印　　次：2018年3月第1次印刷
定　　价：45.00元

作者简介

郑霞，温州大学体育学院副教授，硕士生导师，温州市健康体适能重点实验室负责人，国家体育总局体育文化基地、温州大学体育学院体育文化研究科研团队主要成员，“运动家智慧体育”创客空间创始成员。主要研究方向：运动休闲与健身管理。

2011 年 9 月—2012 年 6 月，北京体育大学高级访问学者（1 年），主持并完成国家体育总局哲学社会科学课题“老龄化社会背景下城市体育公园文化生态价值研究”和浙江省科技厅软科学计划项目“浙江省体育用品制造业实证及发展对策研究”等省部级课题 2 项；参与国家体育总局课题 2 项（排名第三）、教育部“十一五”规划重点课题 1 项（排名第三）、浙江省哲学社会科学规划课题 1 项（排名第五）；主持温州市科技局课题 3 项、温州市文化工程研究课题 2 项、校级课题 2 项等。

2012 年以来，先后出版《中国体育产业探究》《温州民间资本投资竞技体育发展研究》专著 2 本、体育理论教材 1 部，公开发表学术论文十余篇。曾获国家体育总局优秀成果三等奖（排名第三）、温州市 2014 年科学技术进步奖三等奖、温州市社会科学优秀成果奖三等奖与学术进步奖等多项教学成果奖项。

近年来，郑霞非常重视学生的创新思维与创新创业能力的教育和培养，并积极发挥指导老师的示范引领作用，组织学生团队参加了大学生“挑战杯”“互联网 +”及体育产业创新创业比赛，分别获得校级和省级大赛铜奖荣誉。

前　言

从1995年《全民健身计划纲要》的出台，到2009年《全民健身条例》的施行，再到2014年《国务院关于加快发展体育产业促进体育消费的若干意见》的相继颁布，全民健身已上升为国家战略，并被纳入体育产业发展范畴，全民健身是实现全民健康的重要途径和手段，是全体人民增强体魄、幸福生活的基础保障。《全民健身计划（2016—2020年）》指出，之后五年，面对人民群众日益增长的体育健身需求、全面建成小康社会的目标要求、推动健康中国建设的机遇挑战，需要更加准确地把握新时期全民健身发展内涵的深刻变化，不断开拓发展新境界，使其成为健康中国建设的有力支撑和全面建成小康社会的国家名片，并希望通过体育塑造良好的社会风尚，以全民健身来提高全民族的身体素质和健康水平。但随着我国工业化、城镇化、人口老龄化发展，以及生态环境、生活方式变化，人民健康面临一系列新挑战，尤其在慢性病、亚健康日趋严重的当下，将防治疾病的关口前移到体育锻炼环节，已成为更多人的自觉选择。当大众的健身意识从初步觉醒变为广泛共识，人们的体育素养逐步提升，生活在城市的居民对体育的理解、认识及定位也发生了很大变化。WHO（世界卫生组织）明确健康的定义是“四维一体”的，即身体、心理、道德健康，还有社会适应能力。现代人参加体育锻炼，不再是简单的强身健体，锻炼者还有社交需求，要融入社会、宣泄感情等。现代体育在增强人民体质的同时，也被赋予了更多、更高的要求，它带给人们的不应仅是身体上的运动，更应该满足大众的心理和自然需求，达到人与运动，与环境相协调、共生，和谐发展，塑造完美身体。城市体育公园作为全民健身事业的重要活动载体，具备将绿色空间和运动场所有机融合的特殊功能，满足了居民在环境优美、条件舒适中运动的需求，这无疑成了宅居于城市深处的居民缓解压力、释放情绪的最佳健身场所。

然而，随着我国经济社会的快速发展，城市的生态环境也日益受到挑战，人们进行体育锻炼的机会和环境在不断丧失。据新浪网2014年转载的《生命时报》

报道，“缺乏体育锻炼已经成为全球第四大死亡风险因素，目前每年全世界因缺乏锻炼而致死的人数高达320万人，近10年间增长迅速”。同时文章指出，各国居民缺乏锻炼的原因有很多，但是首要的影响因素是缺乏必要的锻炼环境——居住拥挤，缺乏锻炼场所。锻炼环境是人们参与体育健身的重要载体，在保障群众体育健身权益、满足群众体育健身需求方面日益发挥着更加重要的作用。回想起我国近几年广场舞扰民事件，就是随着人民生活水平的提高，健身需求有所增加，而人们用于休闲、健身、娱乐的空间及场所日益狭小所导致的社会现象。从广场舞典型案例折射出的老百姓可使用的体育公共空间严重缺乏问题，政府将如何扩大供给？中国城镇化建设进入了快速发展期，城镇化的快速发展带来了许多新的城市问题，如交通不便、空间紧张、街道拥挤等，每个城市几乎都会有标志性广场、超级体育活动中心、主题休闲公园，其中城市体育公园就是政府提供给市民的公益性大众健身场所。一方面，我们欣喜地看到，随着体育公园的出现，广大居民的健身、消遣、娱乐有了更多的机会，保障了群众体育健身的权益；另一方面，体育公园的建设与管理却不尽如人意，如公园体育组织及专业指导员制度建设滞后、公园选址不合理、公园健身文化主题不突出、公园健身项目没有按需设置、体育公园维护管理机制不完善，等等，这些都表明体育公园文化生态建设的滞后。因此，从我国国情出发，结合不同区域的经济发展状况及不同主体的需求，借鉴国外体育公园建设经验，以文化生态学理论视角去正确认识我国城市体育公园建设与发展显得尤为迫切和必要。

本书是本人在主持并完成的国家体育总局哲学社会科学课题“老龄化社会背景下城市体育公园文化生态价值研究”基础上，对课题成果进一步探讨与整理而完成的，主要内容分现状分析、生态理论探讨与生态实践案例三大部分。生态理论研究包括国内外体育公园发展梳理、城市休闲体育及体育公园空间布局原则、城市体育公园文化生态相关影响因素等内容，并探讨了我国城市体育公园发展中出现的矛盾与文化生态平衡问题；生态实践研究包括城市体育公园生态发展实践案例与启示、城市体育公园生态建设与发展路径选择等内容。本研究从文化生态理论视角来解读人与自然、人与社会、城市与体育的生态和谐关系，对城市体育公园的文化生态系统进行深入剖析，以此解决城市体育公园文化生态发展的理论与实践问题,促使全民健身事业借力城市体育公园探寻出一条文化生态发展之路。

《文化生态学视野下我国城市体育公园发展研究》一书，经过一年多的艰辛努力终于完成并交出书稿。在此非常感谢我的研究生团队，其中2016级的研究生赵康杰，在总局课题“老龄化社会背景下城市体育公园文化生态价值研究”立项研究之后，作为课题组在研成员，凭着对体育公园研究的浓郁兴趣，以《浙江省体育公园发展案例研究》作为硕士生学位论文成功开题，并顺利通过毕业答辩。我指导的2017级研究生侯庆宽就《民族传统体育公园案例分析》，在全国第十届体育科学大会上进行了墙报交流。《生态需求视角下温州城市体育公园发展研究》（《浙江体育科学》，2015.04）、《体育公园研究的热点知识图谱》（《当代体育科技》，2016.02）、《健康中国背景下城市居民休闲体育空间供给侧改革研究》（《运动》，2017.02）等论文，为城市体育公园发展研究提供了前期的研究成果。研究过程中赵康杰、侯庆宽随课题组一起深入全国各地体育公园调研，走访公园相关部门及专家，收集的数据与资料给课题的研究提供了科学的依据。我还要感谢温州大学体育学院的布特教授，他对本课题给出了体育生态文化理论方面的指导及研究建议，为顺利开展课题研究工作提供了有力的理论支持。希望我们的研究能为我国城市体育公园文化生态建设与发展提供一定的借鉴。由于我们研究能力水平有限，不当之处还望专家学者及广大读者批评指正！

2018年1月，温州

CONTENTS 目录

第一章　导　论

工业化、城镇化的社会节奏日益加快，飞速发展的现代社会，城市高楼林立，柏油路通向四面八方，城市建设越来越现代化，而人们生活的生态环境却越来越差，工作压力不断增大并且缺乏体育锻炼。2016 年，《中国城市发展报告No.9——迈向健康城市之路》指出，中国亚健康人群已超过 75%，且在各年龄段的分布也较为均匀，慢性病患病率已达 20%，过去十年每年新增慢性病例数量接近了前一年的两倍。《中国城市白领健康状况白皮书》报告，目前我国主要城市的白领亚健康比例高达 76%，处于过劳状态的白领接近六成，真正意义上的健康人比例不足 3%。社科院《中国人才发展报告》显示，七成知识分子有过劳死的危险，如果中国知识分子不注意调整亚健康状态，不久的将来，这些人中的 2/3 将面临死于心脑血管疾病的危险。教育部《全国学生体质健康监测报告》显示，全国肥胖儿中脂肪肝发生率为 40%~50%。小学生近视率为 32.5%，初中生近视率为 59.4%，高中生近视率为 77.3%，大学生近视率为 80%，沿海城市高中毕业生视力低下率为 85%，学生的高度近视率呈急剧上升趋势，等等。在物质生活日益丰富的今天，面对亚健康问题的威胁与挑战，我们需要提出主动寻求保护的健康理念。

然而，城镇化水平越高，城市居民可以利用的户外运动场地却越来越少。城市的大规模建设使城市面貌发生翻天覆地变化的同时，随着经济收入的增长和文明意识的进步，人们对自身生存环境的要求也越来越高。回归自然的生态理念带动了大规模城市园林绿地的建设，人们喜欢利用这种自然的环境来锻炼身体、放松身心、预防疾病和增强体质。人们在关心健康的同时，也越来越注重自己个性化的休闲娱乐方式与运动健身环境。将体育运动与生态环境相结合的健身环境，无疑给城市居民带来了更好的运动感受与体验，更有利于促进人们的身心健康。体育公园既可以为休闲娱乐提供自然生态环境，又可以为健身提供多功能运动空间，已经成为我国城市居民进行包括体育休闲在内的多种休闲活动的重要资源。如何利用相对有限的城市用地将城市绿地与运动场所有机地融为一体，有效地提高城市体育空间资源的整体利用效率，满足当前大众体育发展过程中我国城市居民日益增长的体育需要，城市体育公园的规划设计、管理及未来如何发展等问题日益引起广大学者的关注。本研究从文化生态学视角出发，从居民健身需求角度来分析城市体育公园的文化生态现状及其相关影响因素，同时围绕体育公园文化生态系统进行了探讨，以期可以解决城市化进程中体育公园发展的理论与实践问题。

一、背景与意义

（一）老龄化社会

当今世界，人口老龄化已经成为一个全球性问题，特别是发达国家都明显地出现了人口老龄化的趋势，其老龄化进程长达几十年甚至上百年，如法国 115 年，瑞士 85 年，英国 80 年，美国 60 年；而中国正在跑步进入老龄化社会，只用了 18 年。发达国家进入老龄化社会时，人均 GDP 在 5000~8000 美元；而我国未富先老，情况不容乐观，2020 年，我国进入老龄化严重阶段[1]。随着老龄化社会的到来，老年人口比重的增加给社会和国家带来一系列不容忽视的问题，更为经济的发展和社会的进步带来了一系列障碍。从国际社会的成功经验来看，积极应对人口老龄化的基础是“健康老龄化”。党的十九大报告指出，要实施健康中国战略，积极应对人口老龄化，构建养老、孝老、敬老政策体系和社会环境，推进医养结合，加快老龄事业和产业发展。《“健康中国 2030”规划纲要》明确指出要促进健康老龄化。健康老龄化是指老年人群体通过体育锻炼等途径达到身体、心理健康状态，减少疾病等问题的发生，并缓解社会压力。把老年人组织起来参与体育健身，这是应对人口老龄化问题的最积极、最便捷、最经济、最有效、最具动员和号召力，最能凝聚人心的一个“巧办法”。“积极老龄化”表达了比“健康老龄化”更为广泛的意思，是指为了提高老年人生活质量，使健

[1] 中国人健康大数据 2016[EB /OL]. http：//www. sohu. com/a/137847832_508461, 2017-05-02.

康、参与和保障尽可能获得最佳机会的过程，适用于个体和人群。其目的在于使所有年龄组的老年人，包括那些体弱者、残疾和需要照料者，保持健康、延长寿命和提高生活质量，通过一系列措施使老年人群健康长寿，达到身体、心理和社会功能的完美状态。它的目标不仅体现在生命长度、生活质量的提高，而且还把健康的概念引申到了社会、经济和文化的各个方面。可见，注重老年人的身心健康，并鼓励老年人积极参与社会活动是“健康老龄化”和“积极老龄化”的核心与精髓。

据资料显示，目前我国经常参加体育健身活动的老年人已达5800多万人。为了满足不同年龄人群的体育需求，近几年我国政府把公共体育服务建设放在首位，开始加大对体育设施与体育场地的建设投入。在我国城市晨、晚练的居民中，老年人成为公园锻炼的主力军。亲近大自然的室外锻炼形式追求天人合一、崇尚自然，与我国传统的养生保健理念异曲同工，而且公园健身相当于社会活动，能满足老年人情感交流的需求，所以，特别引起老年人的关注，也是增进和维持老年人健康的最简单易行的方法之一。因此，如何给老年人的锻炼提供更方便、可行的城市绿色空间，解决好城市老年群体日益增长的健身需求，已成为当前老龄化社会背景下促进老年人身心健康、提高老年人生活质量亟须研究的一个重要的社会问题。

（二）全民健身战略背景

全民健身是全体国民增强体魄、健康生活的基础，是每一个人高质量成长和实现幸福生活的根基。我国自2008年北京奥运会后提出由体育大国向体育强国迈进的口号，体育工作重心开始转向大众体育领域。2009年《全民健身条例》的出台，标志着我国大众体育水平开始迈上新台阶，各地全民健身活动有了切实的法律依据和保障。随着2014年《关于加快发展体育产业促进体育消费的若干意见》的出台，全民健身切实上升到国家战略，以建立和完善全民健身公共服务体系为抓手，推动群众体育快速发展。“十三五”期间，全面建成小康社会将为体育发展开辟新空间，与健康中国建设深度融合，为全民健身带来新机遇和发力点。纵观中国体育的发展历程，全民健身从未像今天这样，地位如此重要，价值如此凸显。《全民健身计划（2016—2020年）》明确，到 2020 年，群众体育健身意识普遍增强，参加体育锻炼的人数明显增加，每周参加 1 次及以上体育锻炼的人数达到 7 亿，经常参加体育锻炼的人数达到 4.35 亿，人均体育场地面积达到 $1.8m^2$。然而面对人民群众日益增长的体育需求，群众身边的体育健身场地设施严重不足，供给单一已经成为制约我国大众体育发展的瓶颈。

体育公园是我国发展全民体育及加快发展体育产业的重要产物，为全民健身运动的开展提供了重要的场地与设施支持。城市体育公园的建设与发展不单是全民健身的一个重要实现途径，而且对促进民众进行体育消费具有积极作用，有利于推动体育产业的发展。我国的体育公园大部分修建于 2000 年后，《全民健身计划》的深入推广和北京申奥成功，使得人民运动热情极度高涨，运动保健观念逐渐加强，再加上公园设计理念的日趋成熟等诸多因素的共同影响，我国掀起了体育公园建设的高潮，截至 2014 年，我国的体育公园数量已达到 1662 个（《中国群众体育发展报告（2014）》）。体育公园的兴建为我国城市居民提供了休闲健身的公共场所，为广泛深入地开展全民健身运动注入新的活力，与此同时，体育运动的大型化和大众化产生的体育环境问题也日益突出，这为我国城市体育公园的发展带来了新的挑战。

因此，转型期的我国城市体育公园的发展就是要以全民健身被上升为国家战略为契机，以满足群众日益增长的多元化健身需求为目标，积极营造与城市相和谐的体育主题健身文化，实现体育、文化和生态环境的相互协调、共生共融、共同发展的和谐关系；在发展传统体育公园的同时，更加倾向创造与环境相和谐的运动空间形式与运动体验，努力促进体育运动与生态环境协调发展，丰富体育公园类型，使之建设成为提高百姓健康生活品质的惠民工程。

（三）“健康中国”背景

“十三五”期间是全面建成小康社会的关键时期，没有全民健康就没有全面小康。2016 年 10 月 25 日，中共中央、国务院发布了《“健康中国 2030”规划纲要》，这是自 1949 年以来首次在国家层面提出健康领域中长期战略规划，体现出党和国家对人民健康工作的高度重视。健康是促进人的全面发展的必然要求，是经济社会发展的基础条件，是民族昌盛和国家富强的重要标志，也是广大人民群众的共同追求。2003年以来，我国先后提出要树立“科学发展观”和构建“和谐社会”“健康中国”建设，这表明了我国的发展重心从“以经济建设为中心”转移到“以人为本”和“重视人民健康”上来，从强调快速持续发展到开始关注公平公正、强调“人的价值”的和谐以及提高人民的健康水平。现代人的健康观念正逐步深入人心，健康离不开科学的健身，将体育融入生活，倡导健康绿色生活方式，以体育运动的方式善度余暇已成为我国城市居民的主要休闲方式之一。但由于城市基础设施建设的滞后，加上城市土地的稀缺性日益体现，城市居民可以利用的户外运动场地越来越少。体育公园集健身环境、体育场地、体育器材、健身指导于一体，不仅能很好地缓解公众运动休闲空间需求与政府公共体育服务供给之间的矛盾，而且城市体育公园以各种体育设施和运动场地为前提，结合体育生态理念，以运动生态文化为核心，以自然特色环境为背景出现在城市运动的休闲空间里，既为市民进行运动锻炼提供了场所，助其达到强身健体、愉悦身心、身心和谐发展的健身目的，又符合人们回归自然、追求幸福感的实际需求，因此，体育公园是城市居民在一定物质生活条件满足之后，追求更高层次的生活质量的必然产物。它符合人们追求健康、低碳、环保的现代生活理念，体育公园必将在我国有更大的发展潜力，成为健康中国建设中的重要“推动器”。

（四）理论意义

城市体育公园满足了人们对绿地与健身的双重需求。体育公园的出现，是经济社会发展到一定阶段的产物，是城市居民满足一定的物质生活条件后，追求更高层次生活质量的必然趋势。

本研究的理论意义如下：

（1）在综合运用生态学理论基础上，提出了体育公园文化生态核心概念，并从居民健身需求角度来分析城市体育公园的文化生态现状及其相关影响因素，同时围绕体育公园文化生态平衡问题进行了探讨，对加快建设符合市民需求的体育公园具有重要意义。

（2）将休闲体育、全民健身与公园的概念用“生态思维”结合起来，具有较高的理论思维价值，使城市体育公园发展更加生态化、人性化，更加符合城市锻炼群体的价值取向，拓宽了体育公园发展研究的理论视野。

（3）对城市体育公园的文化生态价值进行评判与分析，深化了城市体育公园生态化发展研究，进一步完善了我国城市体育公园建设与管理的理论体系，促使全民健身事业借力城市体育公园探寻出一条文化生态发展之路。

（五）实践意义

（1）本研究从文化生态理论视角出发，运用科学发展观的方法与理论，提出积极有效的推动城市体育公园发展的总体思路，为城市体育公园的管理、运行提供新思路和新的发展模式，同时也为政府相关部门进行城市生态规划及公共体育设施规划建设提供实践参考。

（2）城市体育公园的建设有助于改善人居环境，有利于最大限度地发挥生态型体育的功能，促进城市居民的身体健康与身心和谐发展，引导城市居民形成健康文明的生活方式，对于提高居民的生活与生命质量，促进良好品格的形成具有不可替代的作用。

（3）从文化生态的角度来解读人与自然、人与社会、城市与体育的生态和谐关系，城市生态体育公园作为“生态体育”功能和价值得以实现的重要体现形式和实现途径，对城市的生态文明建设、社会的和谐发展具有较大影响与意义。

二、国内外研究述评

（一）热点文献图谱

体育公园在我国发展建设已有近 20 年的历史，目前还处于发展阶段。1992 年发表的《城市公园规划设计规范》一书中，我国就将体育公园视为城市绿地项目。直到 2000 年以后，我国学者对体育公园的研究才正式开始。近年来，随着城市的发展，对体育公园的研究也得到了极大的发展。人们对体育公园的研究从刚开始的区域划分逐渐发展到规划设计，再到景观营造、建筑规划，近几年逐渐向运动项目设置方面转变。对其研究内容的不断深入是体育公园在我国得到长足发展的重要保证。

1. 高频关键词排序

关键词是对论文研究内容要点的总结，根据关键词可以了解论文研究的重点和方向，本文通过对与体育公园相关的128篇论文进行统计研究，共得出659个关键词，对排名前21个进行统计得到表1-1。

从表1-1可以看出，在对我国体育公园的文献研究分析中，除“体育公园”这个关键词外，“规划设计”一词出现的频次为19次，而“植物景观”“景观设计”等也出现了很多次，这说明现阶段的主要研究方向集中在体育公园的规划和建设等方面。

表1-1 前21个高频关键词

序号	关键词	频次	序号	关键词	频次
1	体育公园	97	12	运动休闲	6
2	规划设计	19	13	生态体育公园	5
3	运动空间	11	14	公园规划	4
4	景观设计	10	15	概念设计	4
5	运动项目	9	16	全民健身	4
6	发展	8	17	城市	4
7	建设	7	18	公园设计	4
8	植物景观	7	19	环境	3
9	城市体育公园	7	20	钢结构	3
10	风景园林	7	21	景观区	3
11	体育	6			

2. 高频关键词聚类分析

聚类分析是利用聚类的方法，计算各个词之间的距离，属性关系密切的词语可以形成概念相对的种类团，而在一个种类团中关键词之间的相似性较大。利用SPSS21.0软件对体育公园高频关键词的词篇矩阵进行系统聚类分析，结果如图1-1所示。

从图1-1可以看出，体育公园的研究可分为3类。第一类包括生态体育公园、城市、建设、全民健身4个关键词，这表明在现代城市中，生态体育公园的建设同全民健身的关系越来越密切，伴随着城市的发展，人们对锻炼场所的选择不再局限于具有体育设施及场地，对体育公园的要求也在向生态型体育公园发展。体育公园是为居民服务的公共设施，近几年全民健身理念的提倡，使得体育公园在各个大中城市大肆兴建，但是面临的问题是，很多体育公园利用率不高，并没能解决市民的健身问题，所以兴建何种类型的体育公园就需要从市民需求的角度去考虑，在兴建时不是为政绩考虑，而是要努力提高公园的文化内涵，大力发挥其公共服务职能，同时还要提高其综合管理水平。[1]

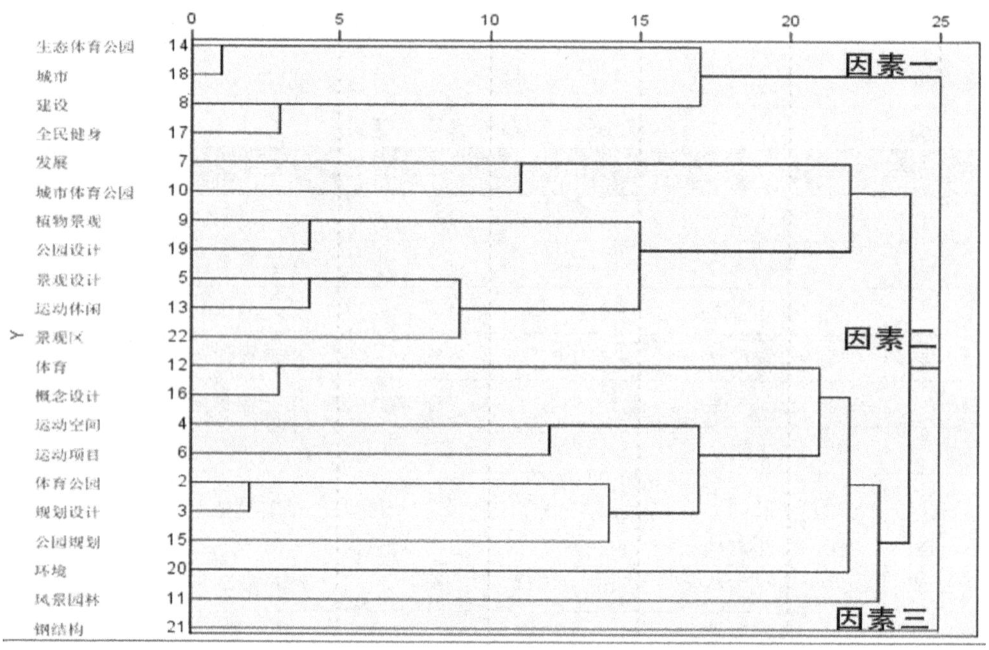

图 1-1　体育公园研究领域关键词聚类树状图

第二类包含发展、景观设计、城市体育公园等共 16 个关键词，这一类涉及体育公园规划设计布局、植物景观营造、运动空间和运动设施建设等公园建设的设计规划。其中，城市体育公园的发展和景观区，以及公园的设计这一类 7 个关键词主要强调城市体育公园的区域划分和各个区域景观的设计。城市体育公园的建设是要在城市建筑中建设生态化的体育公园，而生态型的体育公园满足以下两个条件：一是生态环保型的体育场馆，二是生态型的外围景观。体育公园的建成不仅要满足市民体育活动的需求，而且要满足市民游憩休息及城市生态的需求。[2] 而在第二类词中，体育、运动空间、概念设计等 9 个词是对体育公园运动健身方面的特色研究。

[1] 赵建民 . 园林规划设计 [M]. 北京：中国农业出版社 , 2001.
[2] 马俊 , 孟祥彬 . 关于中国体育公园的现代认识 [J]. 中国园林 , 2005 (4) ：39-42.

第三类关键词为“钢结构”，仅有一个，此关键词属于建筑学领域，对于体育公园各种建筑形态、建筑用材、建筑样式等的研究占很大一部分。在文献研究中可以发现，体育场馆的建筑设计同样需要研究者认真对待。例如，“土尔库体育公园”观众主看台的设计重视观众的感受，结合了地形、光照等多方面的因素。此类文章还有《扬州体育公园游泳跳水馆屋盖结构设计》《HW-BA5000系统在烟台体育公园项目中的应用》等。

3. 高频关键词知识图谱分析

运用SPSS21.0绘制出体育公园热点知识图谱（图1-2），通过对知识图谱的观察可以发现，各个关键词距离中心点比较远，研究热点二和树状图分类二的第一小类相同，热点一对应分类一，热点三由于其关键词就一个，所以是最接近中心点的一组。

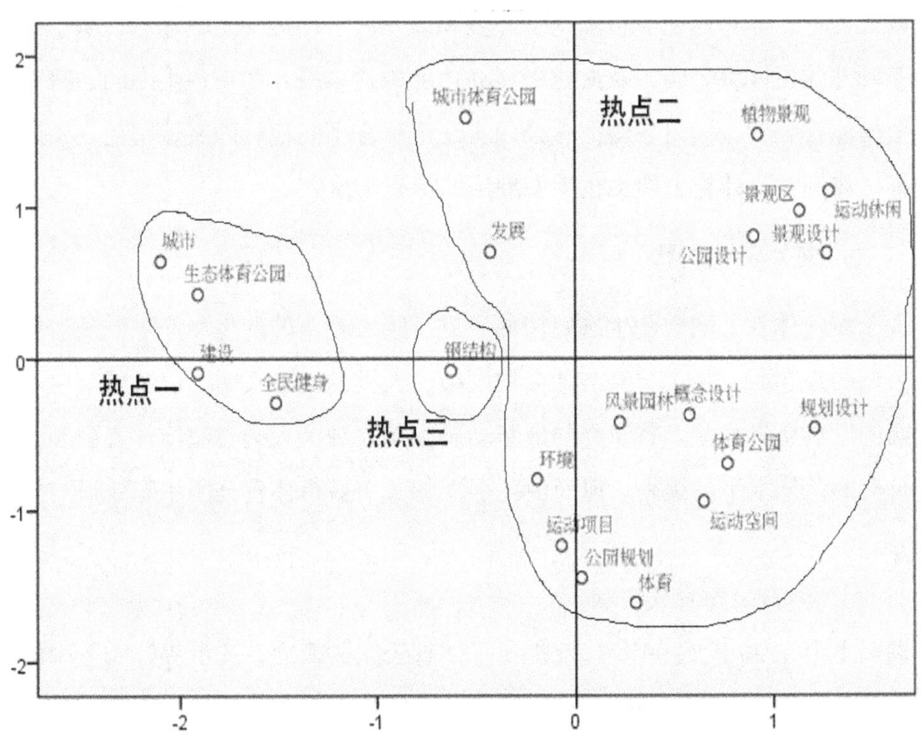

图1-2 体育公园热点知识图谱

分析热点图之后发现，目前对于体育公园的规划设计和景观设计研究（热点二第一类）依然是占主导地位的，研究体育公园健身功能（热点一）的文章也占有一定的比例，而对体育公园运动设施设计、建设、规划（热点二第二类）的文章则处于研究的弱势。

通过以上对我国体育公园研究文献的定性和定量的分析可以发现目前对体育公园的研究分别从城市生态体育公园建设与全民健身的结合、体育公园区域划分及公园景观设计、公园体育项目设施建设及公园建筑设计和新技术运用等方面进行了研究。存在的不足有：第一，对体育公园的研究不够深入，特别是随着城市化进程的加快，对其研究依然仅仅存在于建筑设计等方面；第二，研究缺乏实际性的指导，大多是在已建成的体育公园中探讨其建筑设计等方面，实际性的对体育公园文化生态建设与发展的研究并没有很多；第三，现今研究的重点主要集中在体育公园的布局与建筑设计方面，而规划设计上大多并没有结合居民的健身现实需求。这意味着我们在未来的体育公园发展研究中应该重视围绕着城市体育公园“以人为本，体育运动与自然生态环境和谐发展”的运动主题理念，从生态的视角布局并建设体育公园，从文化平衡的角度构建亲民、和谐、生态的、符合群众需要的体育公园，同时各地体育公园应注重结合不同地域的文化特色，不断加深与推广我国城市体育公园文化生态理论的探索与研究。

（二）国外研究现状

关于城市体育公园文化生态发展的研究，随着城市的产生而产生，随着城市体育公园的兴起而发展，与经济社会的发展、人类的生态文明，以及城市生态体育公园的发展息息相关。其研究的最新动态主要表现为人类对城市体育公园文化生态价值的认知水平的提高，以及由此引发的关于城市体育公园生态建设与发展的研究。

1. 国外体育公园发展现状

国际上早在 20 世纪 90 年代就提出了体育公园的概念。《世界公园》中的定义：体育公园设在景色如画的园林空间中。它的体育设施、运动场以及在这些场地所举办的体育系统训练活动、体育表演和竞技比赛及保健活动，吸引城市居民来此休息。经查阅各类图书、检索各类数据库，收集了有关实践层面的研究资料，如梁文波（2006）提供的美国布洛克巴斯特体育公园设计图例[1]；赵建民（2001）提供的美国洛杉矶体育公园设计图例[2]；马俊（2005）提供的法国特拉姆布尔体育公园、德国大众体育公园、日本山口市体育公园和苏联中央体育公园的设计实例[3]；中国勘察设计协会园林设计分会编著的《风景园林设计资料集》中提供了瑞典玛斯别尔格茨体育公园、芬兰人民体育公园和苏联莫斯科体育公园的资料；荣先林编著的《风景园林规划设计实用图集》中，提供了墨西哥大学城体育公园、日本东京科马扎夫体育公园和苏联乌拉基米尔城体育公园的图片。这些通过对国内文献查阅了解到的国外体育公园建设与设计概述给我们的研究提供了有力的理论支持。

日本政府颁布的《都市公园法施行令》规定都市公园的建设目标是平均每个城市居民拥有 10m^2 以上的城市公园，其中，市内建成公园的建设目标是平均每人 5m^2 以上。修改后的《都市公园法》明确规定城市公园及郊区公园必须有一定的面积用于配建社区体育设施，在公园面积的统计过程中，体育设施面积也算为绿地面积。同时《都市公园法》明确规定可以在公园内修建带屋顶的半封闭广场、可娱乐的饮食店、门球场、温水健身设施、马场和滑雪场等各类体育休闲设施，并且废止了对高尔夫球练习场占地面积的限制法令。另外，日本政府在城市公园的发展过程中十分重视利用城市公园配建体育设施，以满足城市居民的多层次的体育需求。日本称体育公园为运动公园，属于城市中心公园，规划对象面向全市。如日本山口市体育公园，它集休闲和健身功能于一体，树木葱葱，绿草成茵，有各种花卉景区，深受民众的欢迎。公园中央的大型运动场，可容纳万余名观众，在这里曾举办过全国运动会。公园除利用体育设施举办各种体育比赛外，主要为民众健身服务。公园管理部门经常聘请专门教练，举办各类群众喜爱的体育培训班，每年有近百万人次来公园参加各种体育活动。政府的政策保障及民众的健身自觉意识使得日本城市体育公园获得了快速的发展。

德国在实施《黄金计划》的时候，强调社区体育配套设施的建设要与公园的建设结合进行，通过若干体育设施的集聚而形成体育公园。在这种措施的指导

[1] 金云峰，梁文波．2006 再看汉诺威谈世博会场地后续利用问题 [J]. 园林，2006（10）：16-17.
[2] 赵建民．骊山森林公园种子植物的研究 [J]. 西北林学院学报，2001（04）：13-24.
[3] 马俊，孟祥彬．关于中国体育公园的现代认识 [J]. 中国园林，2005（4）：39-42.

下，德国的城市体育公园在城市公园体系中占据了重要的地位。德国公园类型中有专门的运动场、游戏场，如罗伊特林根市的大众体育公园占地 50hm^2，园林功能分区明确，其中心草地面积达 9hm^2，休息区和体育训练场地栽植了茂密的花草树木。苏联的公园类型中有专门的体育公园分类，如莫斯科苏联中央体育场，占地 300hm^2，并与伊兹迈伊洛夫斯基公园的森林地带相连，公园总面积达 1000hm^2[1]。

2. 国外城市体育公园研究现状

国外学者从多种角度对体育公园做了比较深入的研究，如 Krugman（1994）主要认为区域经济差异影响体育公园的空间分布[2]；Hinch T（1995）主要认为体育公园的形成与演化是政府、企业和消费者在公益化与市场化博弈后的均衡求解结果[3]；美国 Green（2001）主要认为消费需求的多样性是导致体育公园规模扩大的重要原因等[4]。但是伴随城市环境的密集化发展，社区型体育公园突破了大型体育场所和公园环境的地域限制，转而以小型体育场所和运动设施结合公园环境进入城市社区，更易形成“按需而建”的发展模式，灵活的形式真正使体育公园与市民生活相互融合。在美国，社区体育公园已经成为体育公园发展的主要形式，其主要特征如下：一是民办官助、社会监督；二是社区体育公园的经营具有半公益半消费的特点；三是对体育资源的管理很高效；四是管理中有完善的法律保障。同时，管理者针对不同年龄段市民将运动场所较为详细地分为游戏场、邻里运动场、地区运动公园、体育运动中心。

早在 20 世纪 60 年代，国外学者就认识到了自然服务的重要价值。90 年代末，随着 Daily（1997）的文章在 Natrue 杂志上发表，学术界对自然生态系统功能与服务研究及其经济价值评估已经在全球范围内展开，成为当前生态学和生态经济学研究的一个热点领域。此后，生态学转入了体育领域。体育公园发源于体育场所的公园化背景。公元前 776 年，古希腊在伊利斯城邦的奥林匹亚地区为举办奥林匹克运动会，建设了奥林匹克运动场，这也是公认的世界上最早的体育场。在

[1] 徐征．中国城市体育公园空间布局的研究 [D]. 北京：北京体育大学，2007.

[2] J. Vernon Henderson. Comment on “Urban Concentration：The Role of Increasing Returns and Transport Costs”, by Krugman[J]. The World Bank Economic Review, 1994, 8（suppl 1）.

[3]Koplik, Redner, Hinch. Universal and nonuniversal first-passage properties of planar multipole flows[J]. Physical review letters, 1995, 74（1）.

[4]B. Christine Green. Leveraging Subculture and Identity to Promote Sport Events[J]. Sport Management Review, 2001, 4（1）.

体育场的选址上，古希腊的哲学家们都要求建造体育场要考虑其自然环境，这是最早关于实践体育公园生态价值的尝试。之后，国外的体育场所大都建在风景优美的地方，有的建在环境优美的公园中，有的则建在天然的森林中。由此可见，体育场所与自然环境的相互融合是体育场所建设的优秀传统，体育公园更是如此。

此后，生态性成为体育公园的特征之一，关于此类问题的研究大部分集中在城市体育公园的生态性、公园景观设计、公园生态的空间布局、公园的生态规划等。国外关于城市体育公园文化生态价值本身的研究著作非常之少，而对于公园生态价值的研究比较多。

综上所述，国外体育公园建设发展十分普遍，从目前查到的文献来看，主要从建筑学、城市规划发展学、景观园林设计学的视角进行体育公园的研究，并以此推动城市体育公园的发展。而国外学者关于自然服务的重要价值、体育场所与自然环境相互融合的体育场所建设优秀传统、生态性作为体育公园的特征之一等体育公园文化生态发展理念与管理方式，值得我国城市体育公园发展借鉴。

（三）国内研究现状

在我国最早提出建设具有运动场所的公园的是陈植老先生于1926年写的《镇江赵声公园设计书》，书中第一次提到要重视运动场的兴建，“山后之平地，果能早日收买，则网球场及其他运动器械之设置，为不容缓也”。最早出现的对体育公园的研究是1959年发表在《建筑学报》上的文章《哈尔滨市水上体育公园规划设计》，主要是对该公园改建的规划设计研究，而研究发现，该公园并不属于体育公园[1]。而1998年张霞发表在《山东林业科技》上的论文《东营市体育公园的绿化规划设计》，主要介绍了体育公园的地理位置、公园的功能分区和道路系统的规划，重点讨论园林景观设计。其体育公园的主要功能分区为：入口区、运动区、休闲区、娱乐区四大部分，各个部分功能作用设计明确，是当地居民娱乐、运动、休憩的舒适场所。由此可见，体育公园在最初的建设阶段便定位为服务于居民的运动休闲场所[2]。

通过中国知网进行体育公园资料查阅搜索，共有297篇与体育公园主题有关

[1] 哈尔滨市水上体育公园规划设计 [J]. 建筑学报，1959（12）：11-23.
[2] 颜玉璞 . 现代体育公园规划设计初探 [D]. 北京：北京林业大学，2008.

的文章，经过筛选，共有 134 篇期刊论文。通过整理归纳和对关键词的统计分析，出现频次最多的前五项是：体育公园、中国、发展、体育、竞技体育，竞技体育和发展两个关键词显示出我国现阶段体育公园还处于快速发展的时期，并不是特别成熟，而且在体育公园建设方面偏重于竞技体育。在对我国文献资料进行搜集整理之后发现，目前体育公园的研究主要集中在：概念特点、规划设计、运营现状、生态化发展等相关课题。根据文献的发表时间可以看出，在 2007 年之后，我国对于体育公园的研究才逐渐被广大的学者所重视。

1. 体育公园概念及基础理论研究

对于体育公园的概念及其特点，我国学者有以下几种观点：2005 年，马俊、孟祥彬在《关于中国体育公园的认识》一文中谈到：第一，对体育公园的现代概念给予重新认定，即作为区域或城市内的绿色运动空间，力求建设具备先进的运动理念和现代景观营造意识的公共性公园；第二，对于中国体育公园建设和发展，务必要认识其迫切性和必要性，应结合我国国情和具体地域的经济发展状况及人群结构，借鉴国外的经验，合理地进行定位和规划；第三，始终坚持以人为本的通用设计理念，处处体现人性化。[1] 这对于当时我们建设何种体育公园，以及如何建设体育公园给出了详细的指导建议。其后多位学者的研究多以其为参考。

李梅娟的研究是将体育公园的建设同体育旅游结合起来，将体育公园的建筑设计、环境建设、旅游产品项目以及经典内容设计分别注重“灵性化”“人文化”“绿色化”“人性化”四种不同的主要发展方向结合起来，构成了具有充分发展前景的旅游式公园项目的特点。[2]

柳春梅对体育公园的发展历程和概念定义进行了叙述，而后重点对城市体育公园的发展趋势作了详尽的讨论，研究提出了未来的城市体育公园“应将体育运动与生态环境有机结合”，应该重视其“系统性和技术性”，应该“加强体育公园与周围环境的和谐化和一体化”，这样才可以在城市化进程发展如此之快的节奏下，使得人们有兴趣和能力去进行体育锻炼，去享受体育锻炼。[3]

周晓路的文章从公园名字的确定出发，对我国体育中心建设提出了很多质疑，

[1] 马俊，孟祥彬．关于中国体育公园的现代认识 [J]. 中国园林，2005（4）：39-42.
[2] 李梅娟，邓逢明．21 世纪公园现代化建设新理念——关注健康，以人为本，构建“四化”体育公园 [J]. 河北建筑工程学院学报，2006（01）：44-46.
[3] 柳春梅．中国城市体育公园发展再认识 [J]. 科技信息（学术研究），2008（34）：642-643.

并且将中外的公共体育设施建设进行了详细的资料对比，由此发现，我国体育设施的建设都是围绕体育比赛的规格标准进行的，并没能真正服务大众。张晓玲结合国内外多个体育公园的建设发展情况，对其生态建设进行了分析，总结其生态建设中的优势因素，并对我国公园生态发展提出了相应的建议。[1]

林彦汐的主要研究内容为体育公园的生态价值，研究课题目标明确，内容新颖，符合体育公园建设的生态价值，其中作者对体育公园生态价值的分类：生态资源价值、生态经济价值、生态文化价值、其他生态价值，充分体现了体育公园的生态价值体系。[2]

徐征在文章中将体育公园定义为：体现城市经济、文化、教育、科技、生态、卫生等标志性、功能性，以体育为特色，以服务全民健身活动为目的，集体育运动、康体健身、娱乐休闲、观光旅游、生态保护于一体的多功能复合型场所。[3]

孙福林在《体育公园初步研究》一文中提出：体育公园不同于一般的公园，运动功能是体育公园的核心特征，它具备一般城市公园不可比拟的运动条件。它不是体育场馆与花园的简单组合，而是将体育设施与绿化紧密结合，统一布置，是运动场所“公园化”的尝试；因此，在其规划设计上应突出反映体育主题特征，从功能分区、运动项目及运动场地规划、设施设置等方面充分体现体育公园强大的运动功能。[4]

潘博雅在文章中对体育公园下了定义：一种集体育运动、休闲为主题特色，具有体育功能和景观功能的公园类型。将体育休闲运动与城市公园绿地有机地融合在一起，可满足居民对于体育休闲与亲近自然的双重需求。同时，大量的城市体育公园规划建设能够增加城市绿地面积，有效改善城市环境和提升生态景观质量。目前，我国体育公园的规划建设还处于初步阶段，规划建设的主题性特征不够突出。[5]

2. 体育公园规划设计研究

规划设计是建筑学中重要的一环，是指对项目进行较具体的规划或总体设

[1] 周晓路，叶冬黎 . 从“体育中心”到“体育公园”——一次命题概念设计及其引发的思辨 [J].《规划师》论丛，2010：103-110.
[2] 林彦汐 . 转型期中国城市体育公园的生态价值研究 [D]. 武汉：武汉体育学院，2014.
[3] 徐征 . 中国城市体育公园空间布局的研究 [D]. 北京：北京体育大学，2007.
[4] 孙福林 . 体育公园初步研究 [D]. 北京：北京林业大学，2009.
[5] 潘博雅 . 体育公园规划设计研究 [D]. 济南：山东建筑大学，2016.

计[1]，体育公园的规划设计是指对体育公园的总体空间布局和项目设施建设进行设计。关于体育公园的研究中，对于其规划设计研究的文章是最多的。

在文献中首次对体育公园的功能区域划分的是李闽丽发表的《福州市体育公园设计思路》一文，主要将体育公园功能区域分为场馆区、公共活动区、中老年活动区、儿童活动区和青少年活动区五部分，并且作者对其各个区域的绿化设计进行了简单的分析，意在说明公园在满足人们进行运动锻炼的同时，还要强调绿化设计与体育馆及公园设施在艺术形式上的和谐统一。[2] 同样的，在顾永辉、王长安的文章中，主要介绍了体育公园将运动锻炼和公园绿化设计结合规划的设计方案，可以看出人们对健身环境的重视。2003 年，张惠华关于秦皇岛奥林匹克公园设计的文章和马越关于广州体育公园外环境的建设两篇文章，从设计学的角度研究现阶段两个体育公园所存在的一些问题以及对这些设计问题的看法。[3] 赵秀菊的文章对体育公园景观设计描写详细，而且文章以“复合、传承、多样、生态、联动”五大设计理念为指导，对体育公园的各个区域的功能划分和规划设计的规模进行了详尽的介绍。[4]

王朵在文章中指出，作为文化代表的“文塔”和现代的体育公园结合所表达的主题便如作者所说：“随着城市化的进程和大众体育的发展，体育公园的服务对象已从单纯的职业体育运动员开始转向城市普通民众和体育爱好者，它的性质更偏向于城市开放空间。”[5] 体育公园服务对象的转变也标志着其规划建设不能再如之前一样仅是运动设施的堆积，而应作为运动场地来进行设计和建设，居民对健身环境的需求也是其设计规划的重要一环。

张学平对南海全民健身体育公园进行了具体介绍，该公园是为大众服务设计的体育公园并设有专用的比赛场馆，充分体现了全民健身的主题和特点。[6] 张静文章的突出方面在于总结概括了华南地区体育公园发展概况，并且对其发展趋势提出了自己的见解，认为体育公园会不断地增多，种类会增加，以及设计更加体现以人为本原则等。[7]

[1] 宋宝婵 . 城市生态体育公园的建立对居民和谐生活的影响与促进研究 [J]. 内江科技，2012（2）：33.
[2] 李闽丽 . 福州市体育公园规划设计思路 [J]. 华东森林经理，2000（04）：40–42.
[3] 张惠华 . 海洋的乐章，运动的旋律——秦皇岛奥林匹克体育公园设计 [J]. 建筑创作，2003（07）：112–115.
[4] 赵秀菊 . 曲阜市体育公园景观设计——鸟瞰成画，纵观成景，深入如园 [J]. 中国科技信息，2012（14）：145.
[5] 王朵 . 佛山市容桂区文塔体育公园规划设计 [J]. 广东园林，2006（01）：50–54.
[6] 张学平 . 南海全民健身体育公园设计特点 [J]. 中国城市林业，2010, 8（01）：33–46.
[7] 张静 . 华南地区体育公园规划设计研究 [D]. 海口：海南大学，2011. 张学平 .

孟语在《城市体育公园规划设计与发展研究》一文中提出体育公园规划设计的总体规划：第一，规划原则；第二，规划选址；第三，规模容量；第四，总体布局。[1]

3. 体育公园运营管理研究

目前，我国体育公园属于公共基础服务项目，初期多为政府投资建设，其运营也是从政府管理而逐渐转为公私合作模式，但是体育公园所特有的公益性和公共性都决定了其运营将面临很多问题。

黄媛的文章对深圳福田区体育公园的建设规划进行了介绍，重点是对其特有的一些功能进行介绍，从中看出该体育公园为了在生态建设上取得成效而做了很多努力，十分符合现阶段城市体育公园的发展规划要求。[2]

2007 年，徐征发表了《中国城市体育公园空间布局研究》，这是第一篇对体育公园进行研究的硕士学位论文，其文章引用区位理论、地域分工理论、可持续发展理论为其理论基石，在对我国体育公园的建设空间布局进行总结之后，提出了我国体育公园空间布局发展的模式，强调不同的体育公园应具有不同的规划建设模式，主要为大型体育公园和社区型体育公园两种。薛斌的文章独辟蹊径，引入宏观、中观、微观三种视角对体育公园的建设环境进行了分析，其分析恰当到位，是对我国体育公园建设环境问题探讨的十分重要的文献资料，研究所存在的不足之处是作者仅仅是大致将这些问题的重点内容进行了叙述，并没能深入研究[3]。

2005 年，邓逢明《浅谈城市生态体育公园的市场运作思路》一文首先对城市生态体育公园的建设及其对城市居民的健康健身影响进行了阐述；而后就其市场化运作提出了见解，主要对体育旅游方面和体育公园的经营管理方面要注意的问题进行了详细的描述，并对解决的具体方法作了介绍。姚德利的文章对大型体育设施的建设、运营和管理进行了详细的分析，所提及的几个运营管理方法值得研究和推广；另外，作者对中国现阶段的市场经济体制的发展有足够的了解，认为体育公园的发展必将会改变现有的经营管理模式而逐步转向市场经济模式，其

[1] 孟语 . 城市体育公园规划设计与发展研究 [D]. 北京：北京林业大学，2016.
[2] 黄媛 . 略论深圳福田区体育公园建设特点 [J]. 中外建筑，2002（01）：28.
[3] 徐征 . 中国城市体育公园空间布局的研究 [D]. 北京：北京体育大学，2007.

研究中对体育公园今后的发展建议很有建设性。孙福林的文章将国外已建成的体育公园与我国体育公园的规划建设进行对比分析，总结归纳我国在体育公园建设过程中所出现的问题；他指出，我国体育公园的发展建设首先要有严格的绿地规范，其次要结合市民的需求建设人性化的公园，最主要的是，要在体育公园内尽可能地发展传统体育。[1]

4. 体育公园文化生态研究

改革开放以来，国内一些学者开始关注城市公园绿地的生态功能效应，并对其进行了不同程度的研究。21 世纪以来，一度兴起用专家咨询评价等方法来估算区域的植被等生态系统的生态服务功能与价值的研究，而这对于体育公园发展方向的探索具有重大意义。王建华等（2007）采用比较成熟的生态系统服务价值评估体系对长春市南湖公园各项生态服务功能进行价值估算。但是，这些研究所讨论的生态系统功能和服务价值研究大多集中在草地、森林、水体以及湿地等自然生态系统方面，而对其生态功能和服务价值的探究还比较少。

对于从生态角度谈体育公园的学者，如叶建华、邓逢明（2005）等建议体育公园应该从以人为本的生态视角，塑造体育主题，突出特色，从而用新的绿色生态理念指导体育公园走生态、人文的道路。[2] 尹安石等（2006）提出了体育公园规划设计的要点，但没有进行深入的论述。[3] 吴冬梅等（2008）指出城市居住区景观的生态价值会内化在居民住房价格中，实现了价值的转移，这一转移突出地表现为一种居住的舒适性，从舒适的角度刻画了景观的生态价值，对于本文体育公园的生态价值研究具有借鉴意义。[4] 陈琼（2009）以南京市城市公园作为研究对象，认为城市体育公园应该走生态的可持续发展道路。宋宝婵（2012）则从生态体育公园入手，认为其对城市环境具有极大的改善作用，有助于促进城市居民的身体健康，有利于居民身心和谐发展。[5] 赵剑锋、高朦（2012）将绿色生态与运动空间作为体育公园规划的两个基本空间要素，提出了协调“绿”“动”空间的规划设计思路。[6] 张晓玲、景慎好（2012）结合生态学观点，试图从生态需求

[1] 邓逢明 . 浅谈城市生态体育公园的市场运作思路 [J]. 吉林广播电视大学学报 , 2005（01）：36-39.
[2] 叶建华 , 邓逢明 . 论城市生态体育公园的开发与建设 [J]. 安徽体育科技 , 2005（02）：9-11.
[3] 尹安石 , 黄洁琼 , 黄滢 . 城市旧城改造中道路景观的建设 [J]. 南京林业大学学报（自然科学版）, 2006（06）.
[4] 吴冬梅 , 郭忠兴 , 陈会广 . 城市居住区湖景生态景观对住宅价格的影响——以南京市莫愁湖为例 [J]. 资源科学 , 2008（10）：1503-1510.
[5] 宋宝婵 . 城市生态体育公园的建立对居民和谐生活的影响与促进研究 [J]. 内江科技 , 2012, 33（02）：33, 4.
[6] 赵剑锋 , 高朦 . 体育公园生态规划设计方法研究 [J]. 苏州科技学院学报（工程技术版）, 2012, 25（02）：63-66.

的角度解读城市体育公园的发展，认为现代体育在帮助增强人们体质的同时，也被赋予了更多的要求，比如如何在满足身体锻炼要求的同时，满足自然和心理的需求，让身体达到全方位的健康。

综上所述，国内、国外学者关于城市体育公园的研究更多地集中在体育公园规划设计、功能定位、建筑布局、发展现状、健身功能等问题上，而没有对城市、人、体育公园的有机生态系统进行研究，对城市体育公园文化生态系统的研究缺乏较深入的探讨，从而导致体育公园研究缺乏时代性；缺少体育公园、城市发展、人的健身相互融合、共生、共荣文化生态学维度上的研究成果，导致实践上的体育公园发展缺乏生命力。第一，从研究的对象来看，目前的调查研究大多数是从体育公园整体规划建设和公园绿化植被的建设角度进行研究，这为体育公园的总体规划和建设提供了足够的依据和借鉴；但是仅仅关注公园的建设也造成了很多体育公园在建成之后成了无人光顾的空园。从公园参与者的角度进行分析的文章并不多，所以研究运动参与者的行为、心理和喜好性对公园的发展有重要影响。第二，从研究思路来看，学者从单一的角度对体育公园进行研究的较多，缺乏从锻炼者的特征角度进行深入的分析，阐述不同锻炼者的特征差异与其需求之间的关系。第三，从研究意义上来看，对于体育公园的建设，学者们给出的仅仅是如何避免出现的问题，而并没有对体育公园今后的发展方向做出指导。体育公园的发展建设不仅仅需要政府进行投资建设、设计者进行规划设计，同时还需要对体育公园使用者进行详细的走访调查，了解使用情况才能对其建设方向进行掌握，才不至于造成公共体育资源浪费闲置。第四，从生态角度研究方面，大部分学者只是停留在对已建成的体育公园的生态特征进行考虑，强调体育公园规划需要考虑生态性问题，而缺乏文化人类学（或文化哲学）层面上的考虑。这些分析在一定程度上只关注自然环境生态系统与体育的互动关系，并没有深入研究体育公园的文化生态建设与实践，较少有学者对国外、国内体育公园文化生态建设的成功案例进行分析总结。

所以，我们认为城市体育公园是城市文化、生态文明、全民健身的重要载体，我们需要从一个新的视角对其规划建设进行研究，只有这样，才能最大限度地发挥体育公园城市生态文明的价值，在健康中国建设中凸显其健身文化价值。所以，今后我们在体育公园发展研究中更应该重视理论结合实际，从生态文化的视角指导规划与建设体育公园，不断推广与加深我国体育公园的生态文化理论与实践相结合的研究。就目前所掌握的资料来看，我国对城市体育公园文化生态系统的研究缺乏较深入的探讨，本文试图对此进行分析和论述，以期为我国体育公园持续发展探寻理论与实践依据。

三、研究方法和研究内容

（一）研究对象与方法

本研究运用环境生态学、行为生态理论，兼顾文化哲学、体育理论等多学科知识，围绕城市体育公园、城市发展和人的健身相互融合、共生、共荣的文化生态学维度着手进行研究，研究对象是城市体育公园文化生态现状与发展。

1. 文献资料法

研究过程中主要是对国内外相关文献研究进行了检索，比较系统地查阅了国内外多种体育核心期刊和与本研究有关的体育公园、公园建设等一百多篇相关著作、研究资料和论文，收集这一领域的最新研究成果，为研究体育公园生态文化价值及我国体育公园的持续发展研究做理论准备。目前，研究成果基本内容大致分为以下几种：① 有关体育公园基础理论的相关资料；② 关于公园健身等文献资料；③ 生态型体育公园相关研究资料。

2. 实地考查法

根据本文研究目的和需要，对北京奥林匹克体育中心、山东济南奥林匹克体育中心、湖南保利·麓谷体育公园、上海闵行体育公园等 14 家体育公园的建设与发展的基本情况进行实地考察，通过调查了解各种类型公园的规模、锻炼人群、场地设施等资料，收集到很多极具研究价值的数据和信息，为本研究提供了真实有效的第一手资料（表 1-2）。

表 1-2　体育公园调查表

序号	园区名称	所在城市	序号	园区名称	所在城市
1	上海闵行体育公园	上海市	3	绍兴大滩水上体育公园	浙江绍兴市
2	奥林匹克体育中心	北京市	4	宁波万科绿轴体育公园	浙江宁波市

续表

序号	园区名称	所在城市	序号	园区名称	所在城市
5	保利·麓谷体育公园	湖南长沙市	10	上虞滨江体育公园	浙江上虞区
6	济南奥体中心	山东济南市	11	诸暨市体育公园	浙江诸暨市
7	上海九子公园	上海市	12	珠海香洲社区体育公园	广东珠海市
8	福建妈祖体育公园	福建湄洲岛	13	广州天河体育中心	广东广州市
9	杭州城北体育公园	浙江杭州市	14	深圳福田体育公园	福建福州市

3. 社会调查法

首先咨询政府部门相关负责人、专家学者以及城市体育公园健身人群，召开小型专家座谈会，详细了解城市体育公园的政策导向、生态建设理念、民众需求等相关资料，对城市体育公园的生态环境进行分析调查取证，听取了专家们就城市体育公园的发展提出的建设性意见。其次通过走访我国不同地区的城市体育公园，对城市体育公园建设问题进行实地调研与咨询，了解政府行政部门、体育社会团体以及企业等对构建城市体育公园文化生态价值体系的看法。本研究针对现阶段体育公园生态现状及问题设计了调查问卷，在北京、上海、山东、浙江、广州 5 个地区对 1000 名公园健身人士进行了问卷调查，本次调查共发放问卷 1000 份，回收 1000 份，回收率 100%，其中有效问卷 908 份，占回收率的 90.8%。通过问卷调查收集相关的研究信息，了解我国城市体育公园的基本生态现状，针对研究的对象，分析体育公园使用价值、使用中存在问题，在总结城市锻炼群体意见的同时，思考和反思路径建设问题，以确保研究结果的可信性。

4. 数理统计法

采用 Microsoft Excel 对全部回收的有效问卷的数据进行分析、整理、存档，运用 SPSS18.0 统计软件对问卷有关数据进行统计学处理。

5. 系统分析法

采用定性分析和定量分析相结合、规范分析和实证分析相结合、个案分析与总量分析相结合等系统科学的方法，对我国城市体育公园这一体育文化生态表现形式的系统影响因素进行研究，有层次地分析我国城市体育公园的文化生态价值。

（二）基本框架与主要内容

借鉴当前较为成熟的关于体育公园、城市文化、文化生态、文化哲学等方面的研究成果开展研究，采用文献资料法、社会调查法、实地考察法、系统分析法等研究方法，从健身主体需求角度来分析城市体育公园的文化生态现状及其相关影响因素，初步构建了城市体育公园文化生态系统理论体系，并提出以生态文化引领体育公园规划及运行管理的建设理念。本研究内容主要分为现状分析、生态理论探讨与生态实践案例三大部分。研究框架如图 1-3 所示。

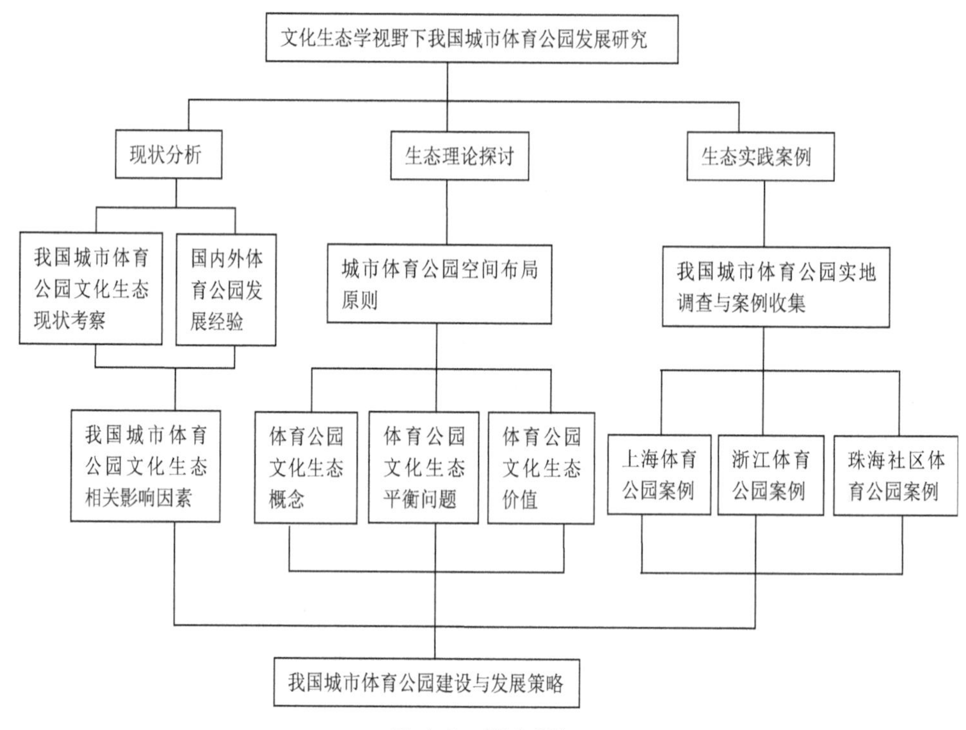

图 1-3　研究框架

第二章　体育公园相关概念阐述

体育活动自古以来便与绿色、健康关系密切。早在古希腊，人们便认识到，在自然环境中进行锻炼，能产生更好的效果。城市体育公园的建设将绿地与运动场所有机地融合为一体，优美的自然环境令人心旷神怡，在其中进行积极的体育锻炼，有助于人们缓解工作压力、强健体魄。因此，以体育运动为主题的城市体育公园迎合了现代大都市的需求，本章主要对体育公园相关概念的研究进行阐述。

一、生态体育与体育公园

（一）生态体育

1. 对生态体育的认识

第一，生态体育理念是从保护自然、爱护自然的角度提出的。因为人类长期以来对自然资源大规模无节制的消耗，能源危机、全球气候变暖、环境极度污染、土地荒漠化、水资源短缺、动植物物种大量灭绝等后果日渐凸显。

第二，生态体育要体现人与自然、人与社会、人与人的三大和谐在内的整体动态和谐。长期以来，人们一直坚持物我二分的观点，将自然与人截然分开，其实人是自然的一部分，人的一切行为都应该遵守自然规律，作为人类的实践活动之一的体育活动也应如此。

第三，如何更好地处理体育与环境的关系，使体育运动朝着健康、绿色、可持续的方向发展，也是生态体育概念提出的重要原因。就体育自身的发展而言，体育在演进过程中也存在大量与自然环境不和谐的因素，如体育旅游资源的过度开发、游泳池未完全净化的废水、高尔夫球场对农田的侵占、塑胶跑道释放的有害气体等。

第四，人是自然界的一部分，保护人就是保护自然，体育领域中人文关怀的缺失，使人们很自然地想到体育应回归健身、嬉戏、娱乐的生态本源。

2. 生态体育概念的界定

我国生态体育的研究起始于20世纪80年代。1988年，刘学军的《试论体育在社会与生态环境协调发展中的中介作用》一文在《体育与科学》上发表，该文章对我国生态体育的发展具有重要意义[1]。近三十几年来，生态体育的研究文献逐渐增加，学者对生态体育概念的认识也有所不同。

陈雪燕认为，“生态体育”是指人类顺应社会环境与自然环境自由、和谐、统一的要求，参与到体育运动中来。该定义体现了生态体育的自然属性与体育属性，但对体育的概念界定不清，更没有很好地体现生态体育的功能和作用，以及发展生态体育的目的所在。[2]

许传宝强调，“生态体育”是指体育、文化和生态环境的相互协调、相互关怀、共生共融、共同发展所构建的关系或联系中的体育活动，即通过在自然－社会生态环境中开展的体育运动，来展示人类的健康体格和人格，体现人类在体育运动中对自然－社会这一生态环境的关怀和人道主义精神，倡导健康、文明、和谐的生活方式，从而达到维护世界的和谐与发展[3]。但是，该定义没有完全体现生态体育“以人为本”的基本理念，人本身应当是生态体育最大的受益者，所以应当强调的是“人、体育、生态环境”三者之间的相互协调与共生共融。

郑晓祥认为，“生态体育”是指“人类、体育、环境”的相互协调、共生共融、共同发展所构建的关系或联系的活动，即在自然生态环境和社会生态环境中开展的体育运动。[4]该定义较好地体现了“人类、体育、环境”三者之间的互动关系，明确了生态环境的内容和范围，包括自然生态环境和社会生态环境两类，但同样对于进行生态体育的目的没有较明确的阐述。

王杰从唯物辩证法的视角出发，按照逻辑学的规范重新定义“生态体育”。他认为，生态体育是以人与人、人与自然、人与社会的和谐共存为前提，以身体运动为媒介，以健康、文明的生活方式为诉求，在自然与社会环境中进行的体育

[1] 刘学军．试论体育在社会与生态环境协调发展中的中介作用[J]. 体育与科学，1988（06）：46.
[2] 陈雪燕，赵莹，王希柳．科技体育和生态体育——未来体育发展的新模式[J]. 山东体育科技，2002（02）：58-67.
[3] 许传宝．生态体育：绿色奥运的核心理念[J]. 成都体育学院学报，2002（05）：25-28.
[4] 郑晓祥．生态体育的内涵与特点[J]. 成都体育学院学报，2005（02）：43-46.

文化活动。[1] 总的来说，这个定义较好地阐述了生态体育的本质，较全面地体现了体育性与自然性的基本特征，较明确地呈现了生态体育的功能与作用。当然，这个定义也存在一点问题。一方面，对于“人与人、人与自然、人与社会”的共存前提没有界定好，存在一定程度的局限性，若以“人类、体育、生态环境”三者之间的相互协调、共生共融、和谐发展为前提就更为恰当；另一方面，身体运动并非媒介，而是活动参与的基本手段。

谢香道认为，“生态体育”是指人们借助于合理利用各种自然因素，适量地、不拘形式地进行锻炼的体育活动。如风行欧美的攀岩、攀树、登山、帆板、滑雪、山地自行车等活动以及我国的气功、太极拳，这些体育运动的目的就是实现自我意志的完善和自我的超越，而不在于与他人的对抗竞争。因为它有些没有固定的规则、程序，也不需要标准的场地，计时或计分不再是衡量成绩的依据。从事这些体育运动的人们追求的是一种与大自然融为一体的感觉，而不是速度或者高度。他们的哲学是发现和尊重环境，常在茂密的森林间、湍急的水流里、险峻的山巅上、冰洁的雪地中锻炼自己的胆略、品格，陶冶情操，寻找生命的意蕴和人生的价值。因此，生态化体育的兴起，表明了人类迫切要求恢复自身和大自然密切联系的渴望。[2]

四川农业大学的邓跃宁认为，“生态体育”是指人们通过谨慎的和合理的体育方法获得那种自然生态系统的承载能力，以实现体育、文化、经济的可持续发展。其基本含义是人们运用科学的体育方法到自然生态系统中去进行各种活动。体育活动中的生态学问题指人们在自然生态系统中活动，既要考虑生态系统的承载能力，又要有利于促进生态系统的发展，通过体育生态行为，锻炼身心，增进健康，实现体育、文化、生态系统的可持续发展。[3]

本研究比较认可付群等对“生态体育”的定义：生态体育是指以“人、体育、环境”三者之间的相互协调、共生共融、和谐发展为前提，以体育运动项目为基本载体，以身体运动为活动参与的形式，以健康、文明的生活方式为诉求，在生态环境中进行的体育运动或体育文化活动。这里的环境指的是生态环境，包括自

[1] 王杰．鄂西地区生态体育旅游资源开发与管理研究 [D]. 曲阜：曲阜师范大学，2012.
[2] 谢香道，徐斌．论生态化体育的和谐与发展 [J]. 上海商学院学报，2007（04）：76-78.
[3] 邓跃宁，陶慧林，黎勤，等．生态体育的发展对策 [J]. 体育文化导刊，2003（07）：35-36.

然生态环境与社会生态环境两类，生态环境是发展生态体育的基本物质条件。体育运动项目是生态体育的基本载体，只有依托体育运动项目的植入，生态体育的作用和意义才得以体现。当前，人们参与体育活动时追求“自然、公正、和平、进步、和谐、发展”的绿色生态体育意识逐步自觉，追求健康、文明的生活方式是人们参与生态体育的基本诉求，是生态体育功能和价值的体现形式。[1]

（二）体育公园相关概念

在查阅的文献资料中，对体育公园的命名有“体育主题公园”“体育公园”“运动公园”“健身运动公园”“运动休闲公园”“儿童游乐场”等。关于体育公园的概念，在查阅的资料中有以下一些具体的解释。

1992 年出版的《世界公园》这样描述体育公园：具有锻炼器材和运动场地，是修建在景色秀丽的园林中，提供职业训练、体育表演、强身健体活动场所，举行国内外赛事，通过各种丰富的内容和多变的形式引起市民的注意，并让其到园中休息的场所。

孟刚等在《城市公园设计》中关于城市体育公园的定义，认为城市体育公园属于城市公园的一部分，它是以体育为主题，以服务于居住区内及周边居民的休闲、健身及集体性活动为目的，强调自然环境要素，穿插安排一定数量的体育设施及群众体育健身场所。

根据建设部城建司 1994 年印发的《全国城市公园情况表》和有关资料，我国现有公园类型较多，却没有一个完整的城市公园分类系统。其中关于体育公园的定义为：以突出开展体育活动，如游泳、划船、球类、体操等为主的公园，并具有较多的体育活动场地及符合技术标准的设施，该类公园应保证绿地与体育场地的平衡发展。

我国的《城市绿地分类标准》（2002），将体育公园归为专类园的一种，并给出如下解释：结合面积较大的园林绿化，合理安排体育馆为主的相关建筑，吸引市民休闲健身、观光游赏或举办体育赛事的公园。不是“体育”和“公园”的简单相加，而是将体育运动的文化内涵和功能需求融入公园的设计中，是二者的

[1] 付群，肖淑红，陈肖丽，等．生态体育公园的概念、内涵及外延研究 [J]. 南京体育学院学报，2015（10）.

和谐统一体。

在 2006 年出版的《城市园林绿地规划与设计》中，体育公园被定义为：一种既符合一定技术标准的体育运动设施，又能供市民进行各类体育运动竞技和健身，还能提供良好的游憩环境的特殊公园，面积为 15 ～ 75 公顷。体育公园内可有运动场、体育馆、游泳池、溜冰场、射击场、跳伞塔、摩托车场、水上活动区等。

《中国城市体育公园空间布局的研究》（2007）中提到体育公园是指传达出一个城市各方面发展的状况，凸显体育文化地域性，促进大众运动，并能提供康体、游憩等一系列配套服务的场所。

韩国的《城市公园法》中，将体育公园定义为：通过运动和野外活动等体育活动，以培养健康的身体和饱满的精神为目的而设置的公园。在体育公园里面可以设置园林设施、休养设施、游戏设施、运动设施、教养设施、服务设施等。并且规定在体育公园中应至少设置三种以上的运动设施，而且其面积应占公园设施面积的 60% 以上。该定义不仅仅对生态环境的建设有基本的要求，更对体育锻炼环境有严格的规定。

2016 年，潘博雅在《体育公园规划设计研究》一文中提出，体育公园应满足的条件包括三个方面：① 体育公园属于专类公园的一种，和普通城市公园一样，因此必须有丰富的绿化植被空间，包含景观所必备的元素，具有优美的园林景观环境。② 根据我国相关规定，体育公园中必须设置有符合标准的体育场地和相关设施。虽然在这方面还没有具体的数值要求，但仅仅在公园中局部放置少量健身设施也不能叫作体育公园。除了各类体育项目所必备的场地和设施，相关的服务配套内容也应在公园内有所体现，如医疗设施、洗浴更衣、训练培训等，保证人们能够安全、有效地进行体育运动或其他休闲活动。③ 体育公园以为居民进行各种体育项目和休闲活动为建设目的，因此在满足了前两个条件下，体育公园内应面向大众群体开展各类体育运动和丰富的休闲活动。体育公园内具有符合标准的体育场地，可供人们进行竞技比赛和训练等，但主要还是以提供体育休闲活动为重点规划内容，包括日常锻炼、健身、体育表演、保健等。不同于严格而富有计划性的竞技体育场馆，体育公园主要服务对象为居民，人们到体育公园中大多以休闲、娱乐、放松的心态参与运动，更多地注重个人身体素质的提高和心情的放松。这里的体育活动范围更广泛，不仅指常规竞技体育，还包含其他种类丰富的休闲运动，如传统民俗运动项目和儿童游乐项目等。与普通城市公园中的体育功能不同，体育公园将体育休闲作为公园的重要功能体现，其场地设施按照规范要求建设，各类运动项目也更丰富全面。[1]

孙莹莹等对体育公园的概念也进行过界定，认为体育公园是主题公园的一种类型，园内把体育健身场地和生态园林环境巧妙地融为一体，是体育锻炼、健身休闲型的公共场所。这是较早时期人们对生态体育公园的基本认识，基本上概括了生态体育公园的基本特征，但不全面。一方面，概念的外延偏窄，生态体育公园是一个宏观的概念，体育公园、生态体育旅游公园、生态体育产业园等都是生态体育公园的基本形态，而体育公园只是其中的一种类型。另一方面，把功能定位在体育锻炼和健身休闲不够全面，生态体育公园具有更加丰富多彩的功能。

邓逢明认为，城市生态体育公园是指体现城市经济、文化、教育、科技、生态、卫生等标志性、功能性，以体育为特色，以服务全民健身活动为目的，集体育运动、康体健美、娱乐休闲、观光旅游、生态保护于一体的多功能复合型场所。[2]

陈冬平认为，体育公园是指开放式的，集生态功能、体育竞赛、体育训练、表演、健身娱乐休闲、旅游观光，融体育商业、体育科技为一体的体育主体休闲生态公园。[3] 陈冬平所下定义与邓逢明所界定的概念类似，基本上较好地反映了生态体育公园的基本功能。但此定义仍存在几个方面的不足：第一，概念混淆了生态功能与旅游观光、娱乐休闲等的层级关系，因为旅游观光也好，娱乐休闲也罢，从本质上来讲，都是生态功能的体现形式之一；第二，体育公园并非一定是开放式的，只是就目前而言以开放式的居多；第三，生态体育公园园区生态性与体育性的协调和完美结合没有得到充分体现。

总的来说，体育公园应以服务全民健身活动为目的，以“人、体育、环境”三者之间的相互协调、共生共融、和谐发展为前提，以体育运动项目与生态环境为基本载体，满足人民群众对健康生活方式的诉求。它是依托一个或多个固有体育运动场地，以优美环境为载体，以体育休闲为主题，拥有大量的体育运动设施，

---

[1] 潘博雅 . 体育公园规划设计研究 [D]. 济南：山东建筑大学，2016.
[2] 邓逢明 . 浅谈城市生态体育公园的市场运作思路 [J]. 吉林广播电视大学学报，2005（01）：36-39.
[3] 陈冬平，张军 . 体育公园的分类及可持续发展方向研究 [J]. 西安交通大学学报（社会科学版），2010, 30（04）：58-60.

具有完善的运动恢复保健体系，并充分利用设施、场地所处的生态环境，为使用者提供一个优美、清新、健康的复合型绿色运动场所。其中，运动功能是体育公园的核心特征，它具备体育场馆或者一般城市公园不可比拟的运动条件，它不是体育场馆与花园的简单组合，而是将体育设施与生态环境紧密结合，统一布置，是运动场所“生态化”的尝试。

二、文化生态学相关理论

（一）文化生态学理论基础

古人云：“观乎人文，以化成天下。”此语出自我国《周易·贲卦·彖辞》，这里的“人文”说的就是礼教文化，是相对自然环境而言的。现代人梦想着能够在休闲的时候脱离城市繁忙紧张的节奏，置身于美丽的大自然之中，或者外出旅游，在风景优美的地方亲身体验当地的人文风光。而这些人文环境的场地一般都是公园，其中生态公园当居其中。城市体育公园也是生态公园的一种类型，它不但包含体育文化，而且包含生态文化。

所谓“文化生态”，指人类适应环境而创造出来并身处其中的历史传统、社会伦理、科学知识、宗教信仰、文艺活动、民间习俗等，是人类文明在一定时期形成的生活方式与观念形态。它可以说是以往全部世界历史的产物。广义的文化生态指人类在社会历史实践中所创造的物质财富和精神财富所显露的美好的姿态或生动的意态。狭义的文化生态指社会的意识形态以及与之相适应的制度和组织机构。作为意识形态的文化，是一定社会的政治和经济的反映，又作用于一定社会的政治和经济。随着民族的产生和发展，文化具有民族性。每一种社会形态都有与其相适应的文化，每一种文化都随着社会物质生产的发展而发展。社会物质生产发展的连续性，决定文化的发展也具有连续性和历史继承性。文化生态泛指人类在社会历史实践中所创造的物质财富和精神财富的状况和环境。其文化特征是具有不可再生性，许多历史文化遗产一旦毁损，传统风格一旦变异，人居环境一旦破坏，将是人类文明的损失。

“文化生态学”是研究文化与环境之间相互关系的科学，是文化学和生态学的一门交叉学科。作为一门交叉学科，由于其来源的多元性，在不同的学科中形成的“文化生态学”有不同的含义。文化生态学，在《中国大百科全书》里的定义：是指用人类生存的整个自然环境和社会环境的各种因素交互作用的生态理论研究文化产生、发展规律的一门社会分子学科。文化生态学在寻求不同民族文化发展的特殊形貌和模式时，主张从人、自然、社会、文化等的各种变量的交互作用方面来研究文化产生、发展的规律。文化生态学的概念主要来源于生态学一词，“文化生态学”的概念是由美国人类学家斯图尔德最早提出的，在人类学和生态学视角下，他将文化、历史及环境进行整合，并在其著作《文化变迁的理论》中明确指出“文化生态学”主要是“从人类生存的整个自然环境和社会环境中的各种因素交互作用研究文化产生、发展、变异规律的一种学说”。斯图尔德的文化生态学主要根据人类学整合的观点，着重关注文化各方面与自然环境的互动性。他认为，文化生态学的问题是厘清是否存在某种特殊的行为模式可以调节人类社会与环境之间的关系。在他所著的《文化生态学》中，他主要界定了文化生态学的内涵、研究方法，通过对美国印第安人等相关土著居民生活的考察，研究他们获取食物的途径、使用的工具等实例，找到历史的文化发展与特定历史时期背景之间的关系，并用大量人类社会历史实例提出文化变异、文化整合等相关理论。他认为，研究文化生态学必须将特定的社会文化放入其相关的环境中，关键要明确这些特定的文化模式是否能够引起人类社会内部的相关改变。他认为文化的各个方面在功能上都是相互关联的，只是相互关联的程度不同；因而，他又提出了“文化核心”，即指“文化中与自然界关系最直接的部分——生存或生产策略”。[1]尽管斯图尔德的文化生态学思想与早期的“环境决定论”有一定的区别，但他的研究也存在一定的局限性，他着重探讨人类社会的文化与其特定历史时期环境的互动，忽略了人类意识的积极作用以及人类社会文化与环境之间的持久发展。但是，他的这项“文化生态学”概念的提出不仅使文化生态学这一理论成为研究热潮，而且使他成为著名文化生态学的奠基人。

随着人类学的研究将多样的文化及复杂的社会结构纳入研究范畴，社会文化与环境的互动性及适应性已经不能解释跨文化的现象。因此，文化生态学被这些

[1] 斯图尔特 . 文化变迁的理论 [M]. 张恭启 , 译 . 台北：台湾远流出版事业股份有限公司 , 1989.

问题所分化，并且在其内部出现了“生态系统生态学”和“民族生态学”。崔明昆在《文化生态学的理论方法与研究》中较为详尽地解释了这两个流派的内涵。他指出，通过生态学的相关理论及方法，“生态系统生态学”提出的生态系统是一个囊括人类所在的种群和其所在的环境组成的统一体系，它着重研究此生态系统中人类所起到的作用。相较而言，“民族生态学”则主要研究特定区域中的土著居民与其环境的生态互动。可以看出，人们已经将人类考虑在文化生态系统中，弥补了早期文化生态学在人的主观能动性方面的缺失。“民族生态学”的出现也使得人们获取了更多的跨文化比较方面的研究成果，在文化生态学方面，它的出现弥补了早期文化生态学在长久性发展方面的缺失。[1]

1. 从文化与环境关系角度界定文化生态学

戢斗勇在《文化生态学论纲》一文中指出：“文化生态学是一门将生态学的方法运用于文化学研究，将文化的存在和发展的资源、环境、状态及规律作为研究对象的新兴交叉学科。”王玉德认为：“文化生态学把文化的生态背景、多样性、群落、组成结构、网络和链条及其变迁作为主要研究内容。”[2] 司马云杰在《文化社会学》中对文化生态学做出如下定义：“文化生态学是从整个自然环境和社会环境中的各种因素交互作用研究文化产生、发展、变异规律的一种学说。”[3] 梁渭雄、叶金宝认为：“文化生态学是研究文化与环境互动关系的理论。”[4] 持这一观点的研究者多是以文化和环境的关系为出发点，认为现代社会发展给人类带来巨大经济收益的同时，也造成了严重的资源短缺和生态环境恶化等问题，所以，他们中的大多数将“文化生态学”变成了文化中的生态问题或生态中的文化问题来进行研究，文化学与生态学以“环境”为纽带相互作用。其中，尤以“伯克利学派”影响最大，他们参照“超机体”的文化概念，认为控制人类行为重要而稳定的力量主要来自文化。从而得出文化、环境和人三者是具有紧密联系的结论，在这三者之中人是行为者，文化是行为的动力，环境则是被改造的对象，所以，文化的存在在人的行动之前。因此，他们的研究首先是考察文化的特征，再探讨人在这种文化特征下的行动，然后才能明白人是如何改变和创造出相应的文

[1] 崔明昆．文化生态学的理论方法与研究 [J]. 云南师范大学学报（哲学社会科学版），2012, 44（05）：58-64.
[2] 戢斗勇．文化生态学论纲 [J]. 佛山科学技术学院学报（社会科学版），2004（05）：1-7.
[3] 司马云杰．在人类文化史长河里泛舟——我为什么写《文化社会学》[J]. 中国图书评论，1987（04）：124-126.
[4] 梁渭雄，叶金宝．文化生态与先进文化的发展 [J]. 学术研究，2000（11）：5-9.

化景观。在这一意义上，“伯克利学派”和“文化生态学派”是一致的。

2. 从文化人类学角度界定文化生态学

文化人类学家从生物学家那里借用“生态学”这一术语，把生态学应用于人类学研究，考察环境对人的影响，探索人如何利用、了解和改变环境，这样做的结果促使了环境决定论的产生，认为人类文化特性是由环境不同而引起的。如有先哲提出：寒冷使人更加勇敢，而温暖的气候则促成软弱、胆怯和对痛苦的敏感。邓先瑞认为，文化”与“生态”具有共生性，人类文化是与人类生存环境及其变化相依相伴的，而探索文化生态系统与生态环境系统的耦合关系，就是文化生态学的内涵；而从各民族的文化因素构成，如生产方式、生活模式、人情世故及风俗习惯等出发研究各民族的文化生态，认为文化生态学是实现人与自然协调发展，促使人口因素、环境条件和资源利用进入良性循环的文化体系。[1]

3. 从文化哲学角度界定文化生态学

文化哲学是一种将哲学的形而上思考方式奠基于现实文化之上的当代哲学发展新形态，它不仅是一种打通“形而上”与“形而下”思维屏障的新哲学态度，同时也是破解理性认知与经验主义壁垒的研究方法。孙卫卫等认为：“用文化哲学的态度和方法指导文化生态学研究，就是把多个子文化的有机集合看做特定社会的总体文化构成，主要研究各子文化之间的融通和互动，并以此为解读文化演进和变迁的重要依据。”[2] 梁渭雄则把文化生态的多样性理解为各种文化类型和因素相互影响、冲突、融合的关系。吴圣刚也认为，每一种文化都是和其他文化相比较而存在，互相吸收而发展的，不同特质、不同品种的文化并不是孤立存在，而是一个动态的生命体，文化间相互作用的动态关系最终促使了不同的文化群落、文化圈，甚至文化链的形成，这些文化要素共同构成了人类文化的有机整体。[3]

从以上分析我们可以看出，国内外学者针对文化生态学的内涵与外延做了诸多阐述，似乎研究越深入分歧越大。如果回归到文化生态学的起源，我们不难发现，在斯图尔德那里，文化生态学的确是作为人类学的一个分支进行研究的，环境对文化形成与发展的影响作用也是不容忽视的。即便是现在，研究者们把环境从自

[1] 邓先瑞 . 试论文化生态及其研究意义 [J]. 华中师范大学学报（人文社会科学版）, 2003（01）：93-97.
[2] 孙卫卫，王永亮 . 和谐社会：马克思主义文化哲学视域中的宏观解读及现实思考 [J]. 天府新论 , 2008（04）：22-25.
[3] 吴圣刚 . 文化的生态学阐释和保护 [J]. 理论界 , 2005（05）：148-149.

然环境扩展到人文环境对文化生态加以系统研究也具有非常重要的现实意义。根据上述理论基础，发现随着人类学的研究将多样的文化及复杂的社会结构纳入研究范畴，人们已经将人类考虑在文化生态系统中，弥补了早期文化生态学在人的主观能动性方面的缺失，而学者们也开始探讨人类社会的文化与其特定历史时期环境的互动，越来越重视人类意识的积极作用以及人类社会文化与环境之间的持久发展。由此，本书也认为，文化生态学是一门用生态学方法研究文化的起源、发展、变迁、传播、消费的新兴交叉学科，旨在寻找各文化现象的可遗传因子和文化变异因素，探索文化稳定传承与发展变化的动态机制，从而达到了解、改造和发展文化，实现文化为人类服务的一门学科。

（二）体育文化生态学

现今，不少学者在体育研究中把体育生态理论与文化生态理论相结合，使体育文化更加丰富，促进了体育文化生态理论持续不断发展。龚建林认为“体育文化生态系统是指体育文化与体育环境相互联系而构成的有机统一体，是一个开放、自组织的系统，具有自身的结构、功能和一定的自适应、自我调节能力，并具有一定的稳定性”。[1]体育文化生态系统复杂繁多，由多个子系统组成，如体育教育、体育习惯、体育意识、体育修养、体育伦理道德等。国内学者在民族体育文化生态的研究上也颇有建树，如王红芳等撰写的《文化生态视野下中国民间武术拳种价值开发研究》一文对于民间武术拳种的作用做了系统的分析研究。徐烨等撰写的《文化人类学视域下反排苗族木鼓舞文化生态及变迁研究》，则重点介绍了这一带有区域特色的少数民族体育项目——苗族的木鼓舞，并通过梳理木鼓舞的发展变化史指出变迁与发展的缘由。丁怀民认为，“良好的民族民间体育文化生态，是民族民间体育文化与自然、社会能够和谐共生、协调发展的文化生存状态”。[2]民族民间的传统体育文化是由其所处的自然、社会、地理环境引发形成的。传统的体育文化生态，是基于适宜的文化环境产生和发展的。如今，体育活动成为自然与社会生态环境中，集体育、文化和生态环境为一体而开展的体育活动。通过这些活动可以展示人类的健康体格和人格，表现人类在从事体育活动的过程中对

[1] 龚建林 . 体育文化生态系统的结构与特性 [J]. 体育学刊 , 2011, 18（4）：40-44.
[2] 丁怀民 . 文化生态视野下的民族民间体育文化保护 [J]. 吉首大学学报（ 自然科学版）, 2010, 31（3）：109-111.

自然与社会生态环境的向往与追求，它是具有强烈的情感性、人文性的一种文化活动；人文环境不同，城市体育生态发展的样貌和场景形式也不同。

1. 体育文化生态系统结构

体育文化生态既包括体育文化与其环境之间的联系，也包括体育文化系统内部各要素之间的相互联系。体育文化生态系统由体育文化与体育环境两个子系统所构成。

（1）体育文化子系统。美国文化人类学家怀特（L.A.White）在《文化的科学》中，不仅把文化视为一个有其自身生命和规律的自成一格的一体化系统，并明确地把文化系统分为技术系统、社会系统和思想意识系统 3 个子系统。他说，“技术系统是由物质、机械、物理、化学诸手段，连同运用它们的技能共同构成的”。受其影响，直到现在，文化学界仍然最宏观地把文化分成器物、制度和观念 3 个子系统，其层次结构是：器物文化是表层，制度文化是中层，观念文化是深层；也有的将器物文化或制度文化之中再分出行为文化，指的是人们的生活方式和行为方式；有的把心态文化看作是物态文化和行为文化的内化，把制度文化看成是物态文化和行为文化的外化；还有的从文化本体出发，把文化分成文化特质、文化丛和文化模式 3 个层次。这些分析是我们理解体育文化系统的基础。

（2）体育环境子系统。体育文化子系统是体育文化生态系统的核心部分，但是体育文化子系统作为一定时空的存在，它必然与自然系统和社会系统中的某些因子发生着这样或那样的联系，自然系统和社会系统中的这些因子共同构成了体育文化的环境子系统。易剑东认为，体育文化系统是由体育物质文化、体育制度文化、体育精神文化 3 个子系统构成，体育文化的环境，实际上就是体育文化生态的外环境，可以区分为自然环境和社会环境。体育文化的环境为体育文化生态系统的物质循环、能量流动、信息交换，从而使体育文化生态系统保持其开放和相对稳定性，保持良性循环。[1]

2. 体育文化生态系统特性

体育文化生态系统的特性是由系统的特性和体育文化的特性所决定的，主要表现在整体性、层次性、有序性、相关性、主体性等方面。

（1）整体性是指体育文化生态系统是要素与整体的统一，二者不可分割，

[1] 易剑东 . 中国体育文化建设三题 [J]. 上海体育学院学报 , 2012, 36（02）：6–12.

通过相互协调的网状结构处于动态平衡状态。要把握体育文化生态系统的整体性，必须弄清楚要素与整体的关系。总体上，整体并不是它的所有各部分的简单相加，而是由构成整体的各个部分的独特的组合和它们之间的关系联结而成的，是一个活生生的功能齐全的“生命生态体系”。

（2）层次性是指在体育文化生态系统的整体性存在中，不仅内部结构划分不同层次，具有多层次特点，同时根据区域的范围，体育文化生态系统本身也表现出层次性，而且随着区域的不断扩大，体育文化生态系统内部各要素相互之间的联系会趋向于更松散，体育文化特征的共同性趋向更不明显，社会联系趋向弱化和不紧密。所以，体育文化生态系统是有边界、有范围和有层次的系统。

（3）有序性是指体育文化生态系统中的多种生态联系，呈现出由低到高的多层次发展序列，从而形成系统的有序性。体育文化生态系统的有序性表现为体育文化选择是一个遵循耗散结构理论的自组织过程，是一个客观的运动过程，不以人的意志、设想为转移。各种体育文化因素从无序到有序的过程，是各种体育文化因素自我运动的结果，而人在体育文化生态系统的有序自组织过程中有主体的能动作用。

（4）相关性是指体育文化生态系统内部要素按一定的联系方式或界定方式组成的结构，能够构成一定的结构和联系就表明相互关联，即有相关性。任何系统内部的各部分之间、外部与其他系统之间都存在着相互联系和相互作用，由此便形成一定的内部结构和外部联系。体育文化的存在和发展在关联中得以实现，相关性是文化生态学的最基础的理念。以相关性来看待体育文化生态系统，就必须重视体育文化生态系统的内外因子的相互关联，增强各体育文化因子的有机联系。在结合相关性加强体育文化生态系统建设时，既要注意发挥每一个体育文化生态因子的作用，也要特别重视构建体育文化生态，切实抓好体育文化生态建设并发挥其独特的功能。

（三）体育公园文化生态

1. 体育公园文化生态概念界定

体育公园是一个由多种因素构成的系统，其中既有自然因素（如植物、地形、地貌等），又有休闲、健身娱乐等人文活动，还涉及经济、政治、社会等各种要素。就认识而言，生态思维可以系统地、综合地、整体地看待体育公园生态，它着眼于要素间相互关系和功能互动，容易深入把握公园及其活动这一涉及众多因素的事物的内在规律；就资源利用而言，它强调自生共生、多重利用和再循环利用，符合我国体育资源紧缺的社会条件；就管理而言，它强调系统自身的可持续发展，采用适应性管理，强调系统自身的内稳态，容易避免管理的盲目性和管理“过度”[1]。因此，从生态学理论的视角切入，可以对体育公园进行系统、综合、整体性的研究。

根据上述理论基础的研究，结合参考龚建林的《体育文化生态系统的结构与特性》一文对“体育文化”的定义[2]及易剑东的《中国体育文化建设三题》中的观点，本研究认为，体育公园文化生态就是以公园健身（休闲）居民为主体，并与体育公园文化和体育公园环境构成的一种体育文化生存状态，它强调的是公园健身（休闲）主体、体育公园文化与体育公园环境的良性循环生态，具有主体的主观能动性、体育公园文化与体育公园生态环境的互动性及发展的持久性等特点。而体育公园文化的环境，实际上就是体育公园文化生态的外环境，可以分为体育公园自然环境和社会环境，体育公园文化的环境为体育文化生态系统的物质循环、能量流动、信息交换，使体育公园文化生态系统保持其开放性和相对稳定性，保持良性循环。

2. 体育公园文化生态基本结构

受文化人类学家怀特对文化系统分层的影响，文化学界仍然最宏观地把文化分成器物、制度和观念 3 个子系统，即器物文化是表层，制度文化是中层，观念文化是深层。针对体育人类学中的自然环境对体育活动的影响、体育与社会的协调性以及文化人类学中文化分层、文化的整合性等，整合以上理论基础的方法论，并加以应用，那么，体育公园文化生态系统应将公园健身（休闲）居民作为主体因素，并且要置于体育公园文化与体育公园环境的循环互动中。其中，根据文化人类学及体育人类学中关于文化的层次划分观点，本研究将体育公园文化进行总结，分为三个层面：①体育公园文化的器物，即其物质文化，包括公园各种物质要素产品（如公园的长凳、亭子、健身步道、各种健身器械及体育场馆等公共资

[1] 孙凤林．一个公园休闲体育的历时性生态学考察与分析 [J]. 体育学刊，2015, 5（35）：16-28.
[2] 龚建林．体育文化生态系统的结构与特性 [J]. 体育学刊，2011, 18（4）：40-44.

源），这些自然环境的多样性为公园休闲健身活动的多样性提供了物质条件；②体育公园文化的制度，即其各种规范化的制度层面（如公园的管理条例、经营制度及个人道德约束与习惯等），有时称之为制度文化，制度文化是保障体育公园管理运营的良好机制；③体育公园文化的核心，即其精神文化，在体育公园文化生态建设的表现即是体育公园文化氛围，人们在这种环境的潜移默化的影响下自然地形成了一种浓厚的文化氛围，它是体育公园文化系统中最为重要的因素，也是体育公园文化组织的精神保障。体育公园不断变化的是场馆设施，但体育公园所应有的文化精神不变。因此，本研究认为体育公园的建设重在其文化的建设，但是也必须看到公园体育文化的环境是实现文化生态系统物质循环、能量流动、信息交换的保证，为了使体育公园文化生态系统保持其开放性和相对稳定性，保持良性循环，体育公园文化的建设重点在于物质文化和精神文化更新与传承，以及制度文化的保障。

根据体育人类学中体育与社会的协调性发展，体育公园文化子系统是体育公园赖以生存的根本，但是这一系统不可能脱离外部的时空独自发展，它必然和自然环境、经济社会环境有着联系，而这些因素也就构成了体育公园文化的环境子系统。这其实就是体育公园文化发展的外环境，那么体育公园环境子系统同样可以分为两部分：体育公园自然环境和社会环境。

（1）体育公园的自然环境。古希腊人认为，只有在自然环境中进行体育锻炼，对人的智慧和身体发育才能产生有益的作用和影响。然而现代工业社会在一定程度上剥夺了城市人对自然界的直接体验，使人们远离了事物的原生态。从文化生态学方面分析，环境的恶化、文化多样性的发展，使得人类在体育文化的发展中更加注重自然生态与体育建设的互动性，城市体育公园舒适的自然环境为都市人提供了可以放松身心的精神家园。体育公园的自然环境是指该体育公园所处的地理位置、地形特征、自然资源情况、气候状况、植被、人工设施等[1]与公共资源有密切关联的自然人工环境，这些是体育公园文化建设和发展的前提，有些因素甚至可以成为体育公园文化发展的决定性因素。首先针对不同区域体育公园的自然环境因素进行分析：我国不同的区域存在气候、地理地貌、资源禀赋等方面的

[1] 侯秀兰．地理环境与国际贸易的相关分析[J]. 科技情报开发与经济，2004（08）：87-88.

差异，相对应呈现出不同区域的运动特色，因此也出现了不同主题的体育公园，水域丰富的便于水上运动的公园建造；山水资源丰富的便于户外运动公园建造；北方低温区域便于冰雪运动公园的建造。对于同一个体育公园来讲，自然环境的多样性也为公园休闲健身活动的多样性提供了物质条件，环境的宜居性、场地设施的影响耦合吸引着不同健身活动群体，这一点也说明体育公园的自然环境影响着人们体育行为的同时，也会影响体育公园文化生态的建设。

（2）体育公园的社会环境。社会环境是人类所特有的生活环境。体育公园的社会环境广义上包括了政策影响、公园管理条例、经济发展状况、道德法律等。体育公园是一种公共资源，面对高昂的建设费用和建成后的维护管理费用，需要政府方面给予相当大的优惠政策与资金支持才能使体育公园提供正常的公益服务，这也是体育公园环境建设与改善的保障。体育公园社会及文化环境的改善需要公园的长效管理机制，这既需要公园管理水平的提高，也需要公园健身休闲者道德素质的提高。另外，经济的发展状况、健身主体的道德修养等也是决定一个城市体育锻炼开展的重要因素。根据马斯洛的需求理论，人只有在满足了基本的生活需求之后才会进行更高层次的活动。显然进行体育锻炼是属于自我实现的最高层次的需求，只有经济条件发达的城市居民才会有这方面的需求。如果从狭义的公园社会环境方面来看，公园健身居民的结构是主要表现，包括健身居民的文化程度、家庭状况、收入情况、健康状况等，这些情况也深深影响着公园健身者的体育参与度，体现了健身居民的体育交往价值观念，这些也属于体育公园社会环境因素，进而也影响着公园体育文化生态建设。

总之，多样性的自然环境，特点鲜明、极富感染力的体育公园文化社会环境，以及可以满足人们不同需求的休闲经济服务环境，为体育公园各种各样的休闲活动提供了环境支持。

3. 体育公园文化生态系统要素

邓先瑞认为，“文化”与“生态”具有共生性，人类文化是与人类生存环境及其变化相依相伴的，而探索文化生态系统与生态环境系统的耦合关系，就是文化生态学的内涵。体育公园文化生态系统既包括体育公园自然环境和社会环境之间的联系，也包括体育公园文化各个要素之间的联系。本研究参考龚建林的《体育文化生态系统的结构与特性》中关于体育文化生态系统要素的内容，我们将体育公园文化生态系统中存在生态关系的六点要素：体育项目、体育软实力、体育环境、区域特色体育、文化认同、体育组织进行生态分析。

（1）体育项目。体育公园文化主要体现在运动项目的确定上，它既是体育公园文化的主体，同时也是重要载体。各个体育公园项目设置都不一样，有些是以一个项目为主，有的则是多个项目并存。如以游泳为主的绍兴大滩水上体育公园、以门球和网球为主的杭州城北体育公园等。其他的体育公园也是如此，以一两个项目为主要的体育活动，辅以大众运动项目。运动项目在体育公园文化生态结构中起到最为重要、最为核心的作用。没有运动项目，就不能称之为体育公园，也不会产生体育公园文化生态问题。

（2）体育软实力。城市体育公园的软实力主要是指其公园内各项目的指导员配备、健身知识和活动信息服务以及锻炼人群的倾向情况。现阶段建设的体育公园不仅要为居民提供可供健身的场所，而且要通过体育公园的有效宣传、讲座、专业人士指导等为居民提供科学的健身信息，使居民进行体育健身时可以获得科学有效的健身指导，从而满足居民体育比赛或展示活动的健身需求，由此带动和吸引更多的居民进行科学健身。

（3）体育环境。体育公园环境主要是指其外植被环境生态和内人文环境。对于环境生态，植被的覆盖率、景观设计等都属于环境生态的范畴，城市体育公园要为城市居民提供舒适的锻炼场所，这一场所不仅要有足够的体育设施，并且环境优美。这就要求公园在规划建设时做好环境生态的设计。对于人文环境，城市体育公园属于公共服务设施，公园内的人文环境建设需要管理者进行仔细的研究，既要做到服务城市居民，又要对居民的锻炼行为进行管理和约束，以保证公园环境的完好和锻炼秩序的正常。

（4）区域特色体育。特色体育建设分以下两种情况：不同区域的体育公园建设和同一区域的体育公园建设。不同区域根据不同的地理位置、生态环境、人文环境建设不同主题类型的体育公园，主要以发挥本地区的优势，比如台山排球、梅州足球、佛山武术等，在完善大众锻炼项目的同时积极发挥本地优势项目。同一区域在同一城市的体育公园规划建设就需要在大众体育项目上进行创新研究，分别项目主次，不能把所有项目都划归到重点建设行列，选择一到两项作为特色的体育项目进行发展。

（5）文化认同。根据文化认同理论分析，文化认同在城市体育公园建设中居核心地位[1]。这一认同不仅仅是指体育项目上的认同，同样的，也有在生态环境建设上的认同、公园规范管理的认同等，不同的人群对体育价值的认同，形成了共同的体育生活方式，正是因为城市体育公园的存在，使他们可以凝聚在一起。这种认同对于推动这一区域锻炼情况有着积极的影响，还可以加强村镇之间、社区之间的交流和互动，促进团结，促进区域和谐。

（6）体育组织。目前，城市体育公园健身群体主要包括体育公园自发的健身组织、社会体育团体组织及公园内部商业健身组织。其中，城市体育公园中自发的健身组织是不可忽视的，也是人们通常说的民间体育组织或草根体育组织，它不仅仅是公园体育的主力军，更是城市体育文化发展的有益补充。城市体育公园的建设为民间体育组织、社会体育团体提供了充足的锻炼场地和运动指导，这也是城市居民更乐意选择到公园体育场地、公共体育场馆进行锻炼的主要原因，这也成为体育公园文化生态系统中不可缺少的要素之一。

本节内容是对体育公园文化生态的环境系统、要素构成的探讨，体育公园文化生态既包括体育公园文化与其环境之间的联系，也包括体育公园文化系统内部各要素之间的相互联系。体育公园文化生态系统由体育文化与体育环境两个子系统构成。为了更清楚地表达体育公园的环境系统与文化系统及各要素之间关系，本研究将体育公园文化生态系统以图 2-1 示意如下。

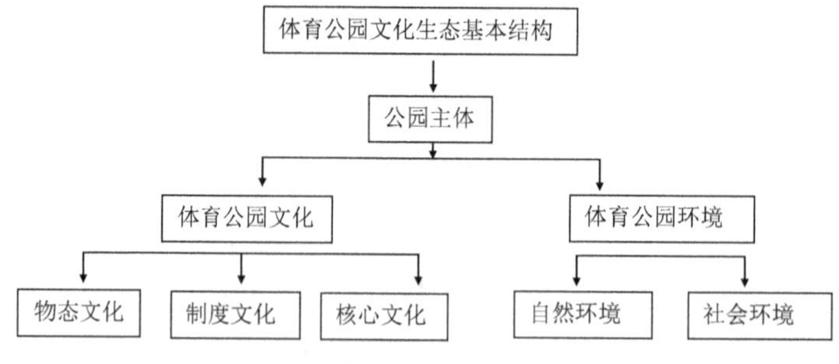

图 2-1　体育公园文化生态系统

[1] 龚建林 . 体育文化生态系统的结构与特性 [J]. 体育学刊 , 2011, 18（4）：40-44.

（四）文化生态平衡与文化生态价值

1. 文化生态平衡问题的提出

当人们物质经济得到满足之时，人们的观念会逐渐由物质追求转到精神追求，慢慢渴望健康、自然、愉悦。文化生态平衡的概念源自人类对自然生态系统平衡的关切。文化生态与自然生态类同，是指文化建设不仅要考虑到自身，而且关系到社会、政治、经济、人、环境等诸多因素，文化自身的建设也要按照系统性、整体性原则，实现可持续发展，即在不损害后代利益的前提下，追求最大限度地满足当代人生产、生活需要的模式。文化生态平衡是指文化多样性丰富，文化与环境间、文化与文化间以及文化内部诸因素间保持能量流动和物质循环的稳定有序的状态。[1]

在高度发达的物质社会，人们似乎能够远离自然约束，自由地生活。因此，令人羡慕的和高度发达的物质生活方式已成为世界上每个人的目标。看起来人们征服了大自然，在此基础上，建立了一个新的、高度人工的现代文明。然而，基于工业文明的现代文化不像人们认为的那么完美。许多迹象表明，高度发达的现代文明，非常精确，是脱离自然的，实际上却是非常脆弱的。最明显的例子是自然生态失衡和自然环境污染带来的弊端，为了尽快实现现代化，没有考虑生态问题和环境问题，现代化还没有完全实现，但生态失衡和环境污染的情况非常严重。当然，文化生态是一个抽象的问题，而自然生态是一个特定的，可以看到的实实在在的东西，比较容易吸引注意力，文化生态是一种概念微妙的事物，在其发展的早期阶段往往被忽略，很难博取足够的理解[2]。在 21 世纪，我们不仅面临着来自物质世界的技术革命，还面临着来自人类自身的改变。这种人自己的革命是人类自我认知的革命，是一个民族和一个国家的自我意识革命。而这种自我意识实际上是一种文化理解，也就是费孝通先生经常提到的文化意识。在 21 世纪，关注的焦点不仅是自然生态平衡的问题，也是文化与生态平衡的问题。

根据文化生态平衡概念，结合本研究对体育公园文化生态的概念界定，体育公园文化生态平衡问题探讨的应该就是体育公园文化与体育公园自然环境和社会环境间，以及体育公园文化诸因素间能否保持能量流动和物质循环的稳定有序的

[1] 王冠文 . 生态文明视角下生态文化建构探究 [D]. 大连海事大学 , 2014.
[2] 方李莉 . 文化生态失衡问题的提出 [J]. 北京大学学报（哲学社会科学版）, 2001（03）: 105-113.

状态问题。

2. 体育公园文化生态价值相关理论

价值是个意义非常广泛的范畴，马克思通过对人与外界事物的关系的科学分析指出："价值，这个普遍的概念是从人们对待满足其需要的外界事物的普遍关系中产生的。"也就是说，价值就是主体需要被客体属性所满足的关系。它反映并揭示的是一种意义估价关系（主体需要的人对作为客体的外界事物的关系），也就是客体以自身的效用、功能满足主体的需要，主体则根据自己的需要对客体的认可关系。价值观是指人们对周围的客观事物（包括人、事、物）的意义、重要性的总评价和总看法。人们在心目中会对诸事物主次、轻重进行排列，并得出自己的看法和评价，这就是价值观体系。并且，价值观和价值观体系是决定人们行为的基础依据。

生态价值是一个新概念，三十年前，西方学者从人们的生态价值观的角度对生态的价值展开研究。后来学者们围绕着人类保护自然的伦理根据是什么，对这一主题产生了争辩，由此诞生了西方生态伦理学（其中就有生态价值伦理学的形成）。目前，国内外学者对生态价值的探讨主要从心理学、管理学、生态学和经济学的角度出发。严曾认为，生态价值其实就是资源的价值问题，而且应包括作为整体运行的生态系统的价值，因为大自然生态系统具有要素的联系性和整体有用性。从经济学角度理解的生态价值未从哲学角度去理解是与时代发展要求不相符合的。[1] 因此，伍瑛认为，生态价值是自然界中的一种价值。[2] 钱俊生认为，生态价值观本质上就是自然价值观，他们用"自然价值"的本质属性来界定生态价值，这在国内理论界属于一次创新突破。[3] 程宝良、高丽认为，生态价值的本质是一种主观价值反映，满足了人类社会系统对自然生态系统服务功能的客观需要，并在一定技术条件下满足社会实践主体同客体关系的辩证统一。[4] 本研究认为，城市体育公园生态价值是指体育公园景观的环境价值，反映了人类与自然的和谐统一。城市体育公园的生态价值就是人们在城市体育公园进行体育活动的条件下，其意识形态和物质基础等都具有与自然生态环境相和谐的方面以及

[1] 严曾 . 生态价值浅析 [J]. 生态经济 , 2001（10）：16-18.
[2] 伍瑛 . 生态文明的内涵与特征 [J]. 生态经济 , 2000（02）：38-40.
[3] 钱俊生 . 加拿大的环境保护与可持续发展战略 [N]. 学习时报 , 2004-01-19（T00）.
[4] 程宝良 , 高丽 . 西部脆弱环境分布与贫困关系的研究 [J]. 环境科学与技术 , 2009, 32（02）：198-202.

发展趋势。

城市体育公园具有生态型的基本特征，居民在体育公园进行锻炼，其身心都能在自然条件下和谐相容、和谐发展。其生态价值主要表现在以下几个方面。①生态资源价值：城市体育公园的生态资源主要是指公园内的自然资源和环境设施及建筑的人工建设。生态资源价值是体育公园最基本、最重要的价值。它不仅是公园的瑰宝，也是城市生态价值的重要组成部分。②生态经济价值：城市体育公园的建设不仅能创造生态环境、生态资源，还能保护和利用环境资源，给人类带来经济效益。因此，城市体育公园具有生态和经济价值取向。③生态文化价值：城市体育公园也有教育和文化功能，而且更加注重体育文化，所以人们对从事体育和文化活动的生态体育公园的喜爱也与日俱增，体育和人文性的完美结合，使体育公园具有生态文化价值。

综上所述，体育文化生态不仅代表了一种和谐文化，也诠释了体育与人、自然和社会之间的完美关系；它既包含运动价值，又包含生态价值，是体育文化与自然、社会和谐共生、协调发展的文化生存状态，使运动者在自然环境中运用简单的锻炼方式亲近自然，强健体魄，愉悦身心，品味生活。城市体育公园既有最基本的生态资源价值，又有地域特色的生态文化价值，同时也有重要的经济价值，这些构成了完整的城市体育公园文化生态价值。

三、可持续发展理论

（一）可持续发展相关概念

可持续发展的概念最早是在1972年在斯德哥尔摩举行的联合国人类环境研讨会上发起的，会议报告《只有一个地球》虽然没有提出“可持续发展”这个术语，但已经产生了与可持续发展概念相接近的思想。报告前言中写道：“实际上联合国对这次会议的要求，显然是要确定我们应当干些什么，才能保持地球不仅成为现在适合人类生活的场所，而且将来也适合子孙后代居住。”自此以后，各国致于力界定“可持续发展”的含义，现在已拟出的定义有几百个之多。

1987年，联合国环境与发展委员会在《我们共同的未来》一书中正式提出可持续发展的社会发展理念——既满足当代人的需求，又不对后代人满足其自身需求的能力构成危害的命题后，迅速成为地理、环境、经济、规划等学科研究的焦点和前沿课题。在这个定义中，实际上包含了三个重要的概念：其一是“需求”，尤其是指世界上贫困人口的基本需求，应将这类需求放在特别优先的地位来考虑；其二是“限制”，这是指技术状况和社会组织对环境满足眼前和将来需要的能力所施加的限制；其三是“平等”，即各代之间的平等以及当代不同地区、不同人群之间的平等。

美国世界观察研究所所长 L. R. Brown 认为，“可持续发展”既不是单指经济发展或社会发展，也不是单指生态持续，而是指以人为中心的自然—社会—经济三维结构复合系统的可持续性，由此得出“可持续发展”的定义。“可持续发展”是能动地调控自然—经济—社会复合系统，使人类在不超越资源与环境承载力的条件下，促进经济发展、保持资源永续和提高人类生活质量的系统调控过程。

1989 年，第 15 届联合国环境署理事会通过《关于可持续发展的声明》（以下简称《声明》），指出可持续发展的严格定义：“可持续发展，系指满足当前需要而又不削弱子孙后代满足其需要之能力的发展，而且绝不包含侵犯国家主权的含义。”环境署理事会认为，要达到可持续发展，涉及国内合作及跨国界合作。可持续发展意味着走向国家和国际的均等，包括按照发展中国家的国家发展计划的轻重缓急及发展目的，向发展中国家提供援助。此外，可持续发展意味着要有一种支援性国际经济环境，从而导致各国，特别是发展中国家的持续经济增长和发展，这对环境的良好管理也是具有很大重要性的。可持续发展还意味着维护、合理使用并且提高自然资源基础，这种基础支撑着生态抗压力及经济的增长。经过发展中国家与发达国家长期的激烈辩论而最终得到环境署理事会通过的《声明》，引起了国际社会的重视。

关于可持续发展，国内外学者们还从不同角度给出了学术见解。Yiftachel O 等在 *The planning of an Australian city* 中从资源的角度指出，可持续发展是不断追求其内在的自然潜力得以实现的过程，其目的是建立一个以生存容量为基础的绿色花园城市 [1]。Walter 在 *Concepts and Strategies for Eco-city Development* 也

[1]Yiftachel O. et al. Urban social sustainability：the planning of an Australian city[J]. Cities, 1993（5）：139-157.

认为城市要想可持续发展，必须合理地利用其本身的资源，寻求一个友好的使用过程，并注重其中的使用效率，不仅为当代人着想，同时也为后代人着想[1]。Murdie R. A 等[2]认为，可持续发展是公众不断努力提高自身社区及区域的自然、人文环境，同时为全球可持续发展作做出贡献的过程。Tjallingii S. P[3]在谈到越来越严重的城市环境问题时，指出绝对不能随意地把这些环境问题留给后代或更大范围，甚至全球，这是一种责任和义务，他从这一特性出发称可持续城市为责任城市。王军[4]从经济角度认为，可持续发展的核心是经济发展，强调“今天的资源使用不应减少未来的实际收入”，“在保护自然资源的质量和其所提供的服务的前提下，使经济发展的净利益增加到最大限度”，可持续发展是“不降低环境质量和不破坏世界自然资源基础的经济发展”。Button K. J 等[5]认为，城市可持续发展在社会方面应追求一个人类相互交流、信息传播和文化得到极大发展的城市，以富有生机、稳定、公平为标志，而没有犯罪等。刘培桐[6]认为，可持续发展意指“在生存不超出维持生态系统承载能力的情况下，改善人类的生活品质”，认为可持续发展的最终落脚点是人类社会，即改变人类的生活质量，创造美好的生活环境，实现真正意义上的“发展”。该定义强调了人与社会在可持续发展中的作用与地位，其以人为本的思想得到了广泛地认可。

综上所述，我们可以将可持续发展从以下三方面属性定义。① 自然属性定义：可持续发展即“生态持续性”，旨在说明自然资源与开发利用程度间的平衡，即“可持续发展”是不超越环境系统再生能力的发展，或者说“可持续发展”是寻求一种最佳的生态系统以支持生态的完整性和使人类生存环境得以持续。② 社会属性定义：1991 年，由世界自然保护同盟、联合国环境规划署和世界野生生物基金会共同发表的《保护地球：可持续生存战略》对可持续发展的定义是，在生存不超出维持生态系统承载能力的情况下，改善人类的生存品质。既强调了人类生产方式生活方式、要与地球承载能力保持平衡，又强调了人类可持

[1]Walter Betal. Sustainable cities：concepts and strategies for eco-city development[M]. 1994：21-25.

[2]Murdie R. A. et al. Modelling quality of the life indictors in Canda：a feasibility analysis[M]Ottawa, Canada Mortgage and Horsing Corporation, 1992.

[3]Tjallingii S. P. Ecopolis：strategies for ecologically sound urban development[M]Leiden：Backhuys Publishers, 1995：208-210.

[4] 王军 . 可持续发展 [M]. 北京：中国发展出版社 , 1997.

[5]Button K. J. et al. Improving the urban environment：how to adjust national and local government policy for sustainable urban growth[M]. Pergamon Press, 1990：256-258.

[6] 刘培桐 . 环境学概论 [M]. 北京：高等教育出版社 , 1985.

续发展的价值观——最终改善人类的生活质量，形成美好的生活环境。只有在“发展”的内涵中包含了提高人类健康水平、改善人类生活质量、保障人类平等自由权利等，才是真正意义上的“发展”。③ 经济属性定义：Costanza 认为，可持续发展是动态的人类经济系统与更大程度上动态的生态系统之间的一种关系，这种关系意味着人类的生存能够无限期地持续，人类个体能够处于全盛状态，人类文化能够发展；同时也意味着人类经济活动的影响保持在某种限度之内以免破坏生态学上的生存支持系统的多样性及其功能。

（二）城市体育公园的可持续发展含义

上述概念尽管是从不同侧面反映了可持续发展理念，但其共同之处也是明显的，那就是：正确处理人与自然、人与人之间的关系，使人口生产、物质生产与环境生产相互协调，在一定的资源、环境条件约束下，不断满足人类的物质与精神需要，提高所有人的生活水平，推动整个生态—经济—社会系统的可持续发展。我国与西方发达国家相比，土地资源丰富，但人口数量巨大，人均占有土地面积相对较少，在这种条件下的城市体育公园建设，必将会因土地资源匮乏产生建与不建问题、建设规模问题，即关于体育公园的可持续发展问题。徐征[1]认为，城市体育公园的可持续发展的含义包含三方面：第一，任何违反客观条件的超前开发和忽视市场的滞后开发，都会阻碍体育公园的可持续发展。体育公园的建设和使用在社会经济发展过程中应有相应的规模和阶段。第二，体育资源的开发强度与可利用潜力是城市体育公园建设的基本动力，严禁对体育资源进行掠夺性开发，要开发新资源，为后人有效利用体育资源创造更多的基础和条件，城市体育公园的建设和开发必须吸收先进的开发理论、手段和管理经验，建立合理的空间地域结构。第三，注重体育公园的合理开发和利用，将“体育园林化，园林体育化”的理念运用到城市公园的合理改造中，帮助解决城市土地资源不足等问题，保证城市体育公园的可持续发展。

我们认为，城市体育公园可持续发展作为一个复杂的巨系统，生态、经济、社会是可持续发展的三大方面。其中，生态可持续发展是前提、是条件，经济可

[1] 徐征 . 中国城市体育公园空间布局的研究 [D]. 北京：北京体育大学，2007.

持续发展是动力、是基础，社会可持续发展是目的、是归宿。所以我们应利用环境生态规律解决体育公园环境问题，利用资源及其开发利用程度间的平衡原则进行体育公园的建设与开发，强调人与社会在体育公园可持续发展中的作用与地位，改善居民的生活质量，形成美好的生活环境，最终实现体育公园资源最大优化。

第三章　体育公园溯源与发展

自古以来，人类在园林中开展体育活动的轨迹就不曾中断过，园林由此被赋予了运动场地的功能。在不同的历史时期和地域环境中，因运动的目的不同，园林的运动场地功能也各具特点。回溯体育公园孕育的过程，有助于我们理解运动功能于当今的体育公园有何特殊的意义。

一、体育公园溯源

（一）体育公园的起源

纵观体育公园的发展，与时代的经济发展水平、思想意识等有极大的关系。上古时期体育建筑并没有作为一种独立的建筑形式出现，人们只是利用房屋围成的广场、道路作为体育活动场所。这种场地的使用虽然简单，但却具有综合性功能。

古希腊作为奥林匹克运动的发源地，十分重视体育运动，虽然很难确切证明古希腊体育场是从什么时候开始建造的，但是可以肯定的是，它与体育运动的普及开展几乎是在同一时间内出现的。体育公园发源于体育场所的公园化背景，公元前 776 年，古希腊在伊利斯城邦的奥林匹亚地区举办奥林匹克运动会，建设了奥林匹克运动场，这也是公认的世界上最早的体育场。运动场从一开始就被当作公共集会的场所：人们在那里聚会、观看体育运动或听哲学家的讲座。在莱基亚，这类运动场建在公园中，而在埃利斯，环绕体育场所建设的花园本身就是天然的森林。在柏拉图时代，运动场和公园有着密切的联系。雅典的 4 个大体育场都建立在郊外，场内设有大的公园，在公元 3 世纪时，它们被描述得如同花园一样。古代奥林匹克体育不仅仅是一种竞技大会，在它延续一千多年的时间里，各城邦派出的优秀选手在竞技场上奋勇拼搏，他们赤身裸体进入赛场，向神和观众展示他们超人的体能、健美的身体和良好的教养。

柏拉图在城市体育设施布局上还制定了一些原则，带有看台的用于体育竞赛的体育场，应建立在城外河畔的绿地之间，但是公共体育锻炼设施应该建立在市区中心，直接靠近居住区。近代美国公园的发展代表了世界公园发展的趋势，尤其是以纽约中央公园最具代表性。公园逐渐成为休闲健身的大众活动的地方。

（二）近现代体育公园的诞生

19世纪中后期，美国掀起了一场城市公园运动。[1]这场运动的标志性成果——纽约中央公园，延续并发展了园林的运动场地功能，将体育运动带到大众生活中，实现了“公园属于人民，公园应当是市民锻炼身体和保持健康的场所”的愿望。[2]纽约中央公园的设计师考虑到纽约人喜爱在大自然环境中运动的特点，在园中设置了许多体育活动设施，公园的发展适应了当代各项文化娱乐及体育运动的需求，中央公园从此成为纽约人开展体育活动的大本营，人们穿着各式运动服，随意地或有组织地在其中进行练习和比赛。[3]

就在同一时期，英国也加紧了公园建设的脚步。这个阶段的公园建设，主要是出于大众健康方面的考虑，满足群众体育活动的需要，所以在设计公园时，特别注意保留大片的草地。这些草地不是用来观赏，而是作为人们的运动场地。[4]一部分皇家园林，如英国摄政园于1838年对公众开放。园中可开展网球、足球、板球、跑步、飞盘等十多项运动项目，而且还设有三个儿童游戏场并配备专人看护。如今，摄政园已成为伦敦最大的户外运动场所。

1. 现代大型赛事体育公园

现代体育在逐步满足人们生活需求的同时也引发了其场馆建设与自然环境保护之间的不断冲突。伴随着现代奥林匹克运动会的成功召开，大型体育场馆的兴建工作也随之展开，尤其是奥运会等大型的综合类体育赛事，大面积场地的需求和城市空间缺乏、自然环境保护之间的矛盾日益凸显。因此，在市民使用率较高的城市空间中选择适宜的环境加以改造，建设既能修复原有生态环境，又可满足城市居民需求的体育活动场地，成为现代体育公园的一种有效建设方式，选择适

[1] 麦华．西方城市公园发展演变 [J]. 南方建筑，2006（08）：11-13.
[2] 唐学山．论美国园林特点 [J]. 北京林业大学学报，1989（01）：61-68.
[3] 汤影梅．纽约中央公园 [J]. 中国园林，1994（04）：38-41.
[4] 陆伟芳．城市公共空间与大众健康——19 世纪英国城市公园发展的启示 [J]. 扬州大学学报（人文社会科学版），2003（04）：81-86.

宜之地而改成为现代大型赛事体育公园建设之主流。

德国慕尼黑奥林匹克公园是为 1972 年第 20 届奥运会建设的，借鉴了英国自然风景园式设计手法，以开阔的湖面为公园景观基调，沿岸配合大片变化起伏的草坪，塑造出一个简约而不失大气的现代化体育公园。公园选择在市区北部距市中心 4km 的奥伯维森区建址，这里曾经是巴伐利亚军队的练兵场，第二次世界大战末期接连不断的轰炸将此处夷为平地。[1] 战后城市的重建过程中，从各处清理出的建筑垃圾被堆放于此，使它成为一个严重影响城市景观、阻碍城市发展的废料堆积场。奥林匹克公园的建立，不仅为城市提供了一个方便到达的竞赛和锻炼场所，而且结合城市规划进行环境改造，带动了地区经济的发展。

为 1992 年第 25 届奥林匹克运动会兴建的巴塞罗那奥林匹克公园则是体育公园促进体育文化与城市文化传播、发展的最好印证。[2] 巴塞罗那在奥运场馆规划时考虑自身城市条件，并没有做整体大规模奥运场馆建设，而是将奥运场馆分散于城市的 4 个区域中，彼此之间以最快速的交通线路作为连通。该届奥运会没有建设专门的室内游泳跳水馆，因此游泳和跳水比赛都需要在室外游泳池进行。在比赛时，尤其是跳水比赛时，运动员的观赏背景便是巴塞罗那城——运动之美感与历史之厚重感凝聚在同一幅画面中，给人们留下了极为深刻的印象。作为奥运会主赛区的蒙锥克公园（Montjuic Park），更可以说是将城市文化、体育运动与生态环境三者完美融为一体的有力参考。剧院与博物馆、喷泉和花园、各类运动设施以及游乐场的合理安排，使蒙锥克公园自奥运会结束后成为巴塞罗那城中的耀眼明珠。

2. 现代城市体育公园

现代体育公园择需要之地而兴，不仅满足了游人体育锻炼、体育保健和游戏的要求，也为人们开展其他休闲活动提供了条件。英国的高斯林体育公园（Gosling Sports Park）建设于 1959 年，占地面积约 20.23hm^2，聚集了多种形式的体育活动以及业余的运动设施，是英国最为著名的综合类体育公园之一。[3] 该公园主要设置了室内体育设施，包括壁球场、田径与自行车场地、乒乓球场、羽毛球场、

[1] 徐晓华．城市体育规划设计探究——以杭州市城北体育公园为例 [D]．杭州：浙江大学，2012.
[2] 马俊，孟祥彬．关于中国体育公园的现代认识 [J]．中国园林，2005（4），39-42.
[3] 孙福林．体育公园初步研究 [D]．北京：北京林业大学，2009.

网球场、健身房及体操房等，另外，还有儿童游戏、餐饮、医疗、会议、洗浴、洗车等一系列配套服务，室外场馆包括露天足球场和滑雪场。现代城市发展中对体育活动和公园环境的逐步重视，使体育公园的建设一定程度上反映了城市在意识上的进步。

体育公园建设带动了城市绿地发展，我国台湾宜兰县在进行体育公园设计时，将其与整个城市绿地系统紧密相连，综合考虑其使用功能，可以说是由体育公园带动城市绿地发展的典范。1986 年建设的宜兰县立罗东运动公园建于台湾罗东市区边缘，总面积为 46.8hm^2[1][2]。运动公园不同于以往只提供竞技比赛或以运动员培训为主的运动场所，而是提供了一个居民在日常生活中轻松休闲的去处。公园设计将景观体验和健康运动作为目的，基地大部分以草皮广场为主，并有人工溪流及人工湖等景观设施；将 6 个主要体育功能场所散布于公园各处，在公园中部利用地下水挖湖堆山，用温柔起伏的平缓地形创造出了丰富的活动空间，市民来回其中，在观赏景观的同时进行体育活动。大面积的水域和湿地的设计也为公园创造了极佳的景观和生态环境。公园设计的立意是“翡翠的项链”，在此后成为指导宜兰地区城市绿地规划的行动指南。

体育公园场馆的建设也越来越追求与周边自然环境的融合。2009 年，由日本著名建筑师伊东丰雄设计的第八届世界运动会主场馆——台湾龙腾体育场，突破了体育场以往“内包围”的封闭格局，以“开口式”造型与周围环境完美融合。场馆屋顶使用压缩的太阳能光电板作为棚架，是全世界第一座使用太阳能的大型运动场馆，每年至少可产生 110 万度的发电量。场馆开放式面向水池与绿草坡，可以迎接夏天的自然南风，因此并不需要空调设备。其周边地区被相应地建设为城市公园，其中设有林地以及水生动植物栖息地，与绿色环保的主场馆联合形成了一个体系完整的体育公园。

3. 现代社区体育公园

伴随城市环境的密集化发展，社区型体育公园突破了大型体育场所和公园环境的地域限制，转而以小型体育场所和运动设施结合公园环境进入城市社区，更易形成“按需而建”的发展模式，灵活的形式真正使体育公园与市民生活相互融合。

[1,2] 张晓玲，景慎好．基于生态需求视角下的城市体育公园发展脉络 [J]. 规划设计理论，2013，28（4）：57-60.

因此，社区型体育公园择理想之地而建，成为未来城市体育公园形式的最好代表。

在美国，管理者针对不同年龄段市民将运动场所较为详细地分为游戏场、邻里运动场、地区运动公园、体育运动中心。美国马萨诸塞州的丹尼公园（Danehy Park）在几十年前曾一直是周围居民堆放固体垃圾、废旧建筑物残骸的地方，由于城市公共空间建设的迫切需求，于 1983 年被以 CDM（Camp Dresser & McKee）公司为首的设计小组重新规划，1990 年作为公园正式向公众开放。这座面积约 22.26km^2 的公园中包括 3 个垒球场、3 个英式足球场、1 个综合运动场和其他的开放空间，同时还特地设置了约 4km 长的慢跑道和自行车车道。在清晨或午后，社区的居民就会到这里参加各类活动。在这座公园里，人们可以自由地进行慢跑，邻近高中的学生垒球队也会经常利用这里的开阔场地进行训练。分布于美国很多州的好莱坞体育公园除了为传统体育项目设置运动场地以外，还为彩弹射击运动、攀岩、赛车等具有较强的对抗性和挑战性的新型运动提供服务，非常注重结合市场和使用者的需求设置运动内容和项目。

随着城市规划功能的完善，小型的社区化体育公园会逐渐随着社区建设渗透到城市环境中，以更为亲民的姿态为市民们所使用，这也将成为体育公园未来最主要的发展方式。[1]

通过回溯体育公园在园林发展中孕育的过程可以看到，体育公园是脱胎于现代城市公园中的一种公园类型，它具有公园的外貌特征，即绿化充分，拥有风景如画的园林景观；但与普通城市公园的区别在于，全园始终围绕“体育”为主题，运动功能是体育公园的核心特征，它比普通城市公园具备更为充足的室内外体育运动场地及配套服务设施，为普通群众开展各种体育活动，如有计划的锻炼、休闲为目的的运动、专业训练、比赛等，提供自然环境优美的运动场所。

此外，建立不同类型的体育公园，是为了更好地满足人们不同的运动需求。目前，国内外关于体育公园的类型有很多不同的划分依据，在建设体育公园时，我国各城市应在认清自身特点的基础上，选择适宜的划分依据，建设符合本地人民需要的体育公园。

[1] 张晓玲，景慎好 . 基于生态需求视角下的城市体育公园发展脉络 [J]. 规划设计理论，2008（8）：57.

二、国外城市体育公园发展

国际上早在20世纪90年代就提出了体育公园概念。起初，人们对一些设有简陋体育设施的场地进行绿化，或将场地建在大片绿地附近，或者直接建在草坪上。后来人们逐渐发展到从建筑稠密的城市中心划出一小块土地设置体育设施，为居民提供户外的游憩场所，大片开阔的林中草地成为体育公园的平面规划中心，同时也成为进行体育活动以及开展民间活动和安静休息的综合区。[1]《世界公园》中的定义：体育公园设在景色如画的园林空间中，它的体育设施、运动场以及在这些场地所举办的体育系统训练活动、体育表演和竞技比赛及保健活动，吸引城市居民来此休息。

（一）美国的体育公园

体育公园早期的建设模型是在美国出现的，最早的是位于纽约的中央公园，其建设之初就是要为生活在城市中的居民提供一个环境较好的进行休闲聚会的场所，中央公园建设是很成功的，它是美国第一个城市公园，不仅包括游玩项目，还有健身设施等。在高楼林立的城市中出现的这一片绿地成为当地居民节假日休闲聚会的好场所。

1. 美国体育公园的地区分布

按地理位置分类，美国体育公园主要分布在沿海地区，内陆较少，沿海地区和内陆地区发展极为不平衡。体育公园集中分布在五大湖周围地区，西部沿海和东部沿海地区发展较为均衡，南部沿海和内陆地区发展较滞后。球类体育公园和家庭类体育公园分布范围较广泛，遍布各个区域。美国各个地区的体育公园类型各具特色。五大湖周围地区和东部沿海地区主要以球类体育公园和赛车类体育公园为主，西部沿海地区和南部沿海地区以球类体育公园为主。

2. 美国体育公园的规模

体育公园的规模，是体育公园建设中需站在长远角度考虑的一个重要内容。如果规模过小，将导致场地设施的不足，无法保证各类活动的顺利开展，不能满足人们的正常需求；反之，如果规模过大，则容易造成场地设施的闲置和土地资

[1] 马俊，孟祥彬．关于中国体育公园的现代认识 [J]. 中国园林，2005（4）：39-42.

源的浪费；如果对体育公园的远期发展考虑不周、预测不足，更可能需要重复建设，给社会资源造成极大损失。

因此，确定体育公园的规模大小，首先要根据体育公园的类型确定相应的服务半径，然后统计服务半径内居民的数量，并考虑不同年龄层次人的比例和相应的运动参与率等因素。由于体育公园内各类场地设施都有其合理的承载量，需要在保证各项活动正常开展的基础上，合理安排各类运动空间的大小。美国现有明确数据表明，美国最小的体育公园为滑行类体育公园——特霍夫曼体育公园，仅有约 0.24hm^2，最大的为赛车类体育公园——灌木山赛车体育公园，占地约 688hm^2。虽同为体育公园，但规模大小相差很大。赛车类体育公园规模普遍较大，其他体育公园的规模大都介于 8hm^2 至 40hm^2 之间。[1]

3. 美国体育公园类型与特色

美国体育公园为了满足不同年龄人群的需要，在大多数的体育公园内设置了多种多样的项目中心和运动场地。很多体育公园秉承了美国人对不同的运动项目以及对极限运动的热爱，专门为一些特殊运动的爱好者建立提高运动技能、交流运动心得、开展比赛和表演活动的专业场所。体育公园建设不仅仅是建设综合型的体育公园，一些受欢迎的体育公园。甚至是以某一项运动为主，仅仅是附加一些传统的项目，使体育公园的主题特征更加鲜明。

（1）美国体育公园的类型。随着体育公园的不断发展，美国体育公园的类型也逐渐呈现多样化、专业化和特色化的特点。体育公园是一类主题性明显的公园类型，其基本原则之一就是要凸显主题，特色鲜明。公园所有设施都围绕主题设置，所有活动都围绕其主题开展，从而更好地满足人们运动锻炼的需求。目前，对于体育公园的类型划分标准不统一，较少有人透彻研究。

从美国体育公园各自所呈现的主题特征出发，将美国 68 个体育公园分为九大类别：综合性、球类、赛车类、射击类、冰雪类、滑行类、家庭类、青年类和社区体育公园。其中，综合性体育公园 3 个，球类体育公园 26 个，赛车类体育公园 14 个，射击类体育公园 4 个，冰雪类体育公园 4 个，滑行类体育公园 2 个，家庭类体育公园 9 个，青年类体育公园 4 个，社区体育公园 2 个。其中，球类体

[1] 赵丹 . 关于美国体育公园的研究 [D]. 苏州：苏州大学 , 2010.

育公园最多，赛车类体育公园次之，家庭体育公园位居第三。[1]

综合性体育公园：其设施比较全面，开展的活动类型多样，分别是大联盟理想体育公园、阿姆斯伯利公园和贝吉体育公园。

球类体育公园：开展的活动以足球、篮球、排球、橄榄球、高尔夫球和曲棍球等球类运动为主，分别是科瓦利斯体育公园、杜勒斯体育公园、柏忌体育公园、沙瓦诺体育公园、帕特森体育公园、印第安纳波利斯体育公园、胜利里体育公园、绿洲体育公园、夏洛特体育公园、幽谷体育公园、安海斯布希体育公园、奥尔登桥体育公园、巴塞洛缪体育公园、班库姆郡体育公园、呼鲁巴谷体育公园、湖滨体育公园、加利福尼亚奥克斯体育公园、林区体育公园、罗纳德里根体育公园、梅森体育公园、双子湖体育公园、考克斯体育公园、毛伊岛高尔夫体育公园、失落一族体育公园、印地室内体育公园和沙伦体育公园。

赛车类体育公园：开展的活动以汽车赛、摩托车赛和自行车赛等赛车运动为主，分别是艾奇沃特体育公园、威尼斯菲尔德赛车体育公园、米勒赛车体育公园、美国 131 赛车体育公园、郡边行动体育公园、灌木山赛车体育公园、OCR 行动体育公园、卡罗来纳赛车体育公园、桑达斯基赛车体育公园、伯奇克里克体育公园、大奇体育公园、巴柏赛车体育公园、弗吉尼亚体育公园和劳斯奇格里克赛车体育公园。

射击类体育公园：开展的活动以彩弹射击、手枪射击、步枪射击和飞靶射击等射击运动为主，分别是乐土体育公园、好莱坞体育公园、菲尔德体育公园和 3B 飞靶射击体育公园。

冰雪类体育公园：开展的活动以滑冰、滑雪、滑板和内胎滑雪等冰雪类运动为主，分别是潘朵拉冬日体育公园、冰雪之星冬日体育公园、幽谷滑雪体育公园和回声谷冬日体育公园。

滑行类体育公园：开展的活动以轮滑和滑板等滑行运动为主，分别是特霍夫曼体育公园和葛底斯堡体育公园。

家庭体育公园：主要服务对象为家庭，开展活动的主要目的是为了融洽家庭氛围，分别是斯威德体育公园、悍马体育公园、沉睡谷体育公园、丰迪体育公园、

[1] 赵丹．关于美国体育公园的研究 [D]．苏州：苏州大学，2010.

铁桥体育公园、克莱克杰克丝家庭娱乐体育公园、拉斯维加斯体育公园、球城体育公园和家庭至上体育公园。

青年类体育公园：主要服务对象为青年，开展活动的主要目的是为了满足青年的体育运动和休闲娱乐需要，分别为埃尔珀玛青年体育公园、4S 牧场体育公园、拉夫兰体育公园和温斯洛体育公园。

社区体育公园：服务对象主要为社区居民，开展活动的主要目的是为了规范社区管理和促进社区团结，分别为英戈尔德体育公园和格拉丁社区体育公园。

（2）美国体育公园的特征。

第一，服务半径与面积系数较小。针对城市中的体育公园，美国各类城市公园规模指标中有明确规定：体育公园的服务半径为 0.8~1.6km，且 20 分钟内可达，适宜用地规模为 4.8~20hm^2。

第二，运动设施布局紧凑，绿化面积较少。美国体育公园的绿化区的设置和野餐休闲区是分开的，其健身设施区域的绿化少，而绿化相对集中于人们进行野餐休闲的区域。例如，好莱坞体育公园以现代游戏区为全园中心，四周紧密连接一系列运动场地，布置紧凑，有的运动设施直接置于草坪上。园中除野餐区有较多绿化外，其余地段均只有少量的绿化，乔木尤其是行道树数量较少。

第三，园林设计契合运动项目特征。美国体育公园的园林设计并不是简简单单地进行树木种植，而是要让在公园内健身的人感受到更浓重的运动气息，和运动项目相联系。

第四，室外运动设施居多，运动项目反映运动流行趋势。美国体育公园的运动设施主要在室外，而且运动项目大多是时下流行的休闲游戏，室内一般是一些用于聚会的活动室。[1]

（二）英国的体育公园

欧洲的体育公园建设是对其自然风景园林特征的延续，在这之中，英国体育公园建设对当今欧洲体育公园风格的形成影响是最大的。英国城市公园最大的特点就是风景优美，拥有大面积的水域、草地和类山丘等自然风光，由于地理气候的影响，非常适宜草地护理和植被的生长，这些天然的场地就成了人们进行户外

[1] 赵建民．园林规划设计 [M]. 北京：中国农业出版社，2001.

锻炼的主要场地，设计者需要的只是对运动设施进行规划和建设。

英国体育公园有三个特征。第一，在项目设置上多是倾向于天气影响较小的室内项目，并且公园内的服务配套设施十分的齐全，保健医疗、洗浴、便利店等设施一应俱全。第二，针对老人、女性和小孩的活动，在其内容设置上则更关心居民的接受能力和喜好。因为英国公园的草坪绿地比较多，人们到体育公园活动并不需要太多的绿地，所以其体育公园更倾向于体育中心式的健身场所。比外，其体育公园的人文气息很浓厚，处处体现对不同人群的关怀，有为老人和小孩专门设置的项目和场地，有为残疾人设置的内容和设施。第三，英国的体育公园建设十分注重和本国实际情况的结合，是在了解居民运动需求的基础上进行修建的，补充了足够的室内运动场地，建设群众喜爱的运动项目的主题公园，增加了公园的吸引力，特有的限定时段为残疾人开放的做法体现了其人性化的一面，值得我们借鉴。[1]

在英国，草地和铺设了地被植物的林中空地，多被用作娱乐和体育运动场，加之湿润的气候使草坪长期保持良好的长势，因此，英国公园中大面积的草坪为人们提供了天然的室外运动场地。如摄政园中网球、足球、板球、跑步、飞盘等十多项运动项目的运动场地，均直接设置于广阔的草坪之中。但体育公园恰恰与之相反，其运动场地以室内居多，体现出体育公园在运动场地设置上有别于普通城市公园的做法。

建于 1959 年的英国 Gosling 体育公园，占地约 20.23hm^2。公园内除了露天足球场和滑雪场以外，其余均为室内体育设施，包括 SPA、健身房、田径与自行车场地、壁球场、乒乓球场、羽毛球场、网球场及体操房等，另外还有儿童游戏、餐饮、医疗、会议、洗浴、洗车等一系列配套服务。公园不仅满足了游人体育锻炼、体育保健和游戏的要求，也为人们开展其他休闲活动提供了条件。Gosling 体育公园与其说是一个公园，还不如说是以体育建筑为主的体育休闲中心。

对比英国 Cavendish 体育中心可以发现，英国的体育公园与体育中心无论是活动内容、服务设施还是经营方式上都极为相似：许多体育活动均在室内开展，减少了天气条件对体育运动的影响；更衣、洗浴、医疗、保健等一系列服务为运

[1] 马俊，孟祥彬．关于中国体育公园的现代认识 [J]. 中国园林，2005（4）：39-42.

动者提供了便利和安全保障；另一些活动则是针对不同年龄、性别、使用目的的人设计的，如为50岁以上中老年人安排的活动、女性休闲活动、儿童体育课程、婚庆、夏令营等，在活动内容的设置上体现出人文关怀。因此，英国的体育公园更偏向于以体育中心形式出现，这与英国本土公园已经有大量的露天运动草坪有关。普通城市公园为居民提供了充足而灵活多样的户外运动草坪，而标准化的运动场地在体育公园中得以补充。可见，英国在对体育公园进行定位时，客观分析了本国体育运动场所的现状特点及未来需求，通过在体育公园中修建大型体育建筑，使得英国的体育设施在室内外全面发展，连成系统，避免了重复建设而造成浪费。

除了考虑性别、年龄、使用目的等因素，英国的体育公园也无不体现出对残疾人的特别关怀。园内所有草坪区、停车场、更衣室、洗浴室、网球场、跑道等都面向残疾人开放，他们还能在公园中举行运动会。例如，英国伊斯特本的体育公园为了给残疾人提供充分的运动条件，还限定时段专为残疾人开放。

此外，在运动项目的设置上，英国新城市绿地的规划标准中要求“运动场中可进行的体育项目因地而异，各地区应根据当地人民的运动喜好设置体育项目”。这在设计体育公园时也有所体现。例如，起源于苏格兰的高尔夫球运动，在整个英国民间有着深厚的群众基础，位于英格兰伊斯特本城南的高尔夫球场公园将高尔夫球作为公园的主要运动项目，使爱好这项运动的人们实现了在交通便利的城市中就能打高尔夫球的心愿。这种以群众运动喜好为依据的设计思想，让英国的体育公园做到物尽其用。

总体来说，英国体育公园的规划设计十分注重与本国现实国情相结合，在充分了解人民运动需要的基础上，适时建设室内运动场所，开办体育俱乐部，并建设以群众喜爱的运动项目为主题的体育公园，从而提高了运动项目的丰富度与趣味性。它能吸引更多的人到体育公园中来。英国18世纪的自然式风景园林曾对当今欧洲景观面貌的形成产生过极大的影响，这促使大多数欧洲城市公园都呈现出自然、开敞，拥有大面积的草坪或水面，地形起伏的公园骨架。而如今，以英国、法国、德国为代表的欧洲体育公园，在延续了自然式风景园林特征的基础上，也体现出一些各自的设计理念。这些都是值得我国的体育公园规划设计借鉴的。[1]

（三）德国的体育公园

德国的体育公园以慕尼黑奥林匹克公园为代表。慕尼黑奥林匹克公园位于慕尼黑市以北，公园所在地在历史上曾经是巴伐利亚皇家的阅兵之地，并包括舒特贝格山，该山由清除战后建筑废墟堆积而成，后称之为奥林匹克山，高 52m。整个奥林匹克公园占地 2.8km^2。奥林匹克公园于 1968 年开始建设，1972 年完成。

慕尼黑奥林匹克公园已经融入整个城市中，始终保持着活力。从它建成的那一天起，就成为慕尼黑人的骄傲和游人必到的地方，30 年来，共吸引了来自全世界 1.57 亿名观光者。无论春夏秋冬，都可以看到锻炼、跑步的，全家度假休闲的，或者参加不同活动的人群。慕尼黑奥林匹克公园之所以受到人们的赞赏和喜爱，源于其独特的设计及建设特点，可归结为以下几点。

1. 公园选址

慕尼黑奥林匹克公园曾经是报废的慕尼黑机场，第二次世界大战后成为建筑废墟堆积厂。奥林匹克公园的选址，是希望借用奥运会的影响力，结合符合当代形势的，甚至是具有一定超前意识的城市规划与景观设计，塑造一处即便在奥运会举办结束之后，依然能为当地市民服务的休闲游憩场所。借由便捷的交通、宜人的绿化环境及丰富多彩的活动内容来集聚人气，从而达到复兴城市衰落地区的目的。奥林匹克公园周边聚集了宝马公司总部大楼、抵押银行大楼等建筑群落，构成了一个新兴的城市区域空间。

2. 空间布局

建筑师贝尼斯主导的规划设计思想是：慕尼黑奥林匹克公园要为城市提供一个近距离的、设在公园里的奥运会，和保证轻松愉快地进行竞赛的、体现奥运精神的新奥运场馆。公园总体布局上利用原有的地形地貌和城市结构等条件，留出 85hm^2 的绿化土地作为户外运动公园，突出了奥林匹克公园的绿化特征。在具体的空间布局上，设计者将体育建筑与公园绿化融合在一起。公园的三大主要场馆，奥林匹克体育馆、综合体育馆和游泳馆相对集中，结合公园入口的停车场地，将

[1] 孙福林 . 体育公园初步研究 [D]. 北京：北京林业大学，2009.

建筑布置在高地的边缘，结合地形特点，弱化庞大建筑体量对于自然景观的冲击。建筑的屋顶也随着起伏的山脉而高低凹凸变化，与场地中的山脉形成了有机的结合。山丘、树林、湖泊、草坪、建筑、场地几大公园要素之间在功能上便于使用，在景观上赏心悦目，使整个公园成为一个有机的整体。

3. 建筑设计

由于是 1972 年第 20 届夏季奥运会的举办场地，公园内的建筑体量庞大，建筑师贝尼斯及其伙伴奥托将其设计为一组高度集中而富有特色的特大型体育建筑群，在规划设计中贯彻与大自然和谐共生的理念，将大体量的奥运场馆融入自然环境中。贝尼斯和结构工程师奥托共同努力，改变了传统体育场馆建筑设计的普通形象，采用张拉膜结构的新兴材料和工艺，将庞大的体育建筑体量分散成了小片的、连续的“帐篷”结构。由于有机玻璃能够透过大量的光线，而新造型的曲折变化也削弱了大型体育建筑生硬的体量感。丰富的光影变化使坐在看台上的人们有一种轻盈的空间感觉。奇特的构想、别致的造型，使它成为世界建筑史上一项奇迹。建成的慕尼黑奥林匹克场馆的网状蓬顶，把场馆所占据的这块 $4.5km^2$ 地面上的建筑与场地极其自然而有机地融为一体；环形看台 2/3 建在地表之下，只有 1/3 建在地表上，极大地削弱了体育场馆庞大的建筑体量感。悬空的帐篷顶，其下边长达 300m，覆盖了整个西部看台和大部分比赛区域，最大限度地减少了建筑的固定接触点，开敞的大型空间为观众的快速有效疏散带来了很大的便捷性。运动员室、休息室、接待室、多功能室等其他功能空间被尽可能地安置在看台内。公园流畅优美的结构形式、张拉膜结构屋顶和看台、独具匠心的造型设计等都凸显了慕尼黑奥林匹克公园独特的气质。

如此新颖独特的建筑形态设计使建筑与环境产生了互动，促进了建筑与环境的一体化设计。“你站在桥上看风景，看风景的人在楼上看你，明月装饰了你的窗子，你装饰了别人的梦。”体育建筑既是功能建筑，满足了奥林匹克主题的功能需求，同时设计新颖的建筑形态也是公园的一抹亮色，建筑与绿化之间体现了互为应接、开放共融的关系。这也是目前景观设计行业所要追求的目标。

4. 地形改造

在慕尼黑奥林匹克公园和体育场馆的施工中，将开挖地铁和人工湖的土方，堆成 20m 高的土山，人工塑造出的山势景观与起伏的屋顶轮廓相呼应。人工湖积蓄雨水，美化了园林环境。公园铺设了 85 万 m^2 的草坪，在其上种植树木，形成了周围绿草如茵，优雅宜人的环境。奥林匹克公园将开挖的土方用于堆积土山，一方面美化了公园景观，另一方面减少了大量不必要的土方外运的工作量，极大地节约了资源。

5. 生态设计

慕尼黑奥林匹克运动会首次提出了“绿色奥运”的理念，而从设计到实施的时间只有 4 年。公园营建需要移植 3000 棵老树（有的树木直径达两米），超过 10 万棵小树。移植过程采取了如下措施：减少树根体积损失率，保证树叶和树干的比例，防止水分流失。更为重要的是，在时间轴上考虑景观效果。树移植之初并不是很好看，它们需要几年的时间保养、成型。草坪以及整体景观营造同样如此，并不盲目追求施工完成后的效果，真正将景观视为不断变化的生命体。

生态上的考虑更为细致：施工过程中草、菊花和毛蕊花的种子采取自然采集的方式，大量的本地种野生地被使景观保持了长久的生命力。对于湖水，修建运河，通过水的循环从地下给湖输水，清除沉淀物和污染物。

从慕尼黑奥林匹克中心总体规划图中可以看出，其设计的特点是：场地与体育设施集中，尽量减少不必要的重复行程，并避免与市内交通交错。各体育馆、广播电视记者中心、奥林匹克村、旅馆、商店、剧场、车站等相互间距均保持在半径 1000m 的范围之内。极其富有特色的帐篷式屋盖结构将 8 万观众体育场、体育馆、游泳馆等覆盖起来，使整个建筑群获得审美上的高度统一。帐篷式屋盖高度起伏富有变化，避免了传统体育场馆大而压抑的感觉，更符合公园的审美情趣。同时屋顶的遮盖也使人们免受阳光暴晒及风吹雨打之苦。设计师将起伏的山丘、清澈的湖水、独特的建筑造型协调成一个有机的整体，整个奥林匹克公园充满轻松惬意的氛围。[1]

（四）日本的体育公园

日本作为亚洲最发达的国家之一，在体育公园的建设方面也走在了亚洲其他国家的前面。早在 1933 年，日本有关各类城市规划和公园规划的技术标准就已

[1] 徐晓华 . 城市体育规划设计探究——以杭州市城北体育公园为例 [D]. 杭州：浙江大学 , 2012.

纷纷颁布。公园按照其功能分类为运动公园、自然公园、近邻公园和儿童公园等。[1]在日本，体育公园被称为运动公园，在充分考虑到居民体育运动的需求实际和自然条件的基础上，以各种运动设施为主，同时考虑到修景设施、广场、自然步道等保持城市公园环境的设施进行规划。运动公园可以进行正式体育比赛或者周边地区青少年等的娱乐体育活动，同时也考虑到游园用等要素的配置。1956 年，日本历史上第一部《都市公园法》制定了运动公园的有关标准："每隔 5~10km 就有一处运动公园，面积 15~75hm^2 不等。"与美国体育公园的规模指标相比，日本的体育公园的服务半径和面积都较大一些，这与公园中修建大量的体育场馆建筑有一定关系。

日本运动公园的建设较早。为满足当时举行全国运动会的需要，运动公园趋向于对大型体育场馆的建设。例如，20 世纪 80 年代建设的山梨县小漱运动公园，内设有体育馆、武道馆、滑冰场、球场、辅助球场、棒球场、网球场、游泳池、攀登场等众多体育场馆设施。

同期，以维持并增进国民身心健康为目的的"健康运动公园"建设推进事业也被首次提出，与通常的运动公园不同，它设有供高龄者或不经常运动者使用的较小规模的设施，在保证安全的基础上能够进行快速的利用，并考虑到任何时候都可以方便利用的设施及管理运营内容[2]，体现出对社会弱势群体的关注，这对老龄化现象严重的日本来说有着深远的社会意义。

2000 年前后，体育公园的游览休憩功能变得更加突出，显现出综合性公园的特征。如 1998 年开放的新潟县运动公园，是一个集大型体育场馆与自然公园于一体的体育公园。体育运动场所主要包括体育场、多功能运动广场和草坪，而在自然公园中，人们能野餐、赏花、学习、观察植物和昆虫或漫步于运河边。林荫道、花坛、修景池等造景元素广泛应用于体育公园中，体现了体育、文娱活动与自然环境的共融。此外，这一时期的体育公园规划设计，还体现了对地形的巧妙利用。富田林市立综合运动公园中的攀爬设施随地势抬高，加大了运动难度，使儿童在不断挑战的过程中锻炼身体。北神户田园运动公园，四周群山环绕，园中地势多变，起伏的地形将运动场划分为不同的空间。公园以远山作背景，使人

[1] 许浩．日本东京都绿地分析及其与我国城市绿地的比较研究 [J]. 国外城市规划，2005（06）：27-30.
[2] 章俊华．日本城市绿地空间（上）[J]. 中国园林，2001（05）：38-42.

们犹如在自然山林中运动一般。

从 20 世纪 80 年代到 21 世纪初期的日本体育公园发展过程来看，因社会需要的转变，修建体育公园的目的以及公园的功能也随之变化，从而引起形式上的变化。以体育场馆为主的体育公园，方便高龄者或不经常运动者利用的健康运动空间，或体育运动场与自然公园相结合的体育公园，都是同一事物在不同社会背景下的不同表现。这让我们认识到，体育公园的规划设计不应局限于固有的思维模式，而应是一个动态的过程，应当随社会需求的变化而变化，体现时代特征。对于地形的利用亦是如此，只有因地制宜，才能设计出各具特色的运动空间。[1]

（五）韩国的体育公园

韩国的奥林匹克公园是 1988 年首尔奥运会的产物，园中百济时代的遗址和现代最新型的体育场并存，还拥有森林和绿地的休闲空间。由于都市居民对生活水准要求的提高，以及对健康的注重，对于没有适当活动空间的市民来说，奥林匹克公园不只是单纯的休息空间，也是韩国最早的运动殿堂。

1. 公园选址

奥林匹克公园位于汉江和南汉山城中间，东南方向距汉城市政府 12.5km，距奥林匹克主竞赛场 3km，距太陵运动员村 16km，在汉城江东区中部。从城市中心驱车约 40 分钟，公交车约 1 个小时就可到达。

2. 总体布局

奥林匹克公园总面积 169.2hm^2，海拔 10~45m，土城的坡度在某些地段达 20% 以上，大多地区为缓坡，仅位于公园中心的梦村土城的最高峰望月峰海拔 45.3m。发源于南汉山城的城内川，贯通梦村土城流入汉江，其中通过奥林匹克公园基地的河流长约 2.1km。奥林匹克公园是拥有体育、文化艺术、历史和教育、休息等多种用途的多功能空间。以百济初期的遗迹梦村土城和人工湖为中心组成的 140hm^2 土地，内有雕刻作品、纪念造型物、88 游戏庭院、散步道路、奥林匹克文化中心等，除此之外，还有不定期举行的各种演出，扮演着多样化休息空间的角色。园中还有曾是首尔奥运会的游泳池，体操体育场，剑道体育场，举重、

[1,2] 孙福林 . 体育公园初步研究 [D]. 北京：北京林业大学，2009.

网球场和赛车场。在户外还有各种为了纪念 1988 年首尔奥运会而创作的雕刻作品，也成为重要的文化艺术空间。

奥林匹克公园的 5 个竞赛场馆以半圆形围绕于梦村土城的南部，使传统与现代、文化与体育、自然与人工融为一体，将单调的梦村土城与现代竞技设施相对比来突出其历史价值。梦村土城和竞技场馆之间为一个半径 150m 的半圆形空间，是可用作民俗演出的场所。场地的空旷如古时车轮轴的“空”一样作为公园的焦点。体育高等院校都集中建设在公园东角，在公园和周围城市间起到过渡、缓冲作用。公园南部建设的室外体育练习场和室内体育设施在奥运会时是运动员的训练场，比赛结束后成为向市民开放的公共体育设施。公园的西部面向蚕室综合运动场和蚕室开发中心区，是国立竞赛场的主出入口，建有出入口广场、纪念广场、体育博物馆、商场、食堂等设施。公园北部建有女子专用足球场、盲人专用足球场、雨水处理厂、运动广场、停车场和健身设施等。公园分为竞技设施区、善邻纪念公园区、参与性体育公园区、梦村土城——历史公园区、风纳街路公园区。

3. 景观设计

首尔奥林匹克公园将地区本身所固有的自然环境和景观因素与新建设的设施形成协调和互补关系。为了对梦村土城的自然环境给予保护，设计者在其周围做了宽达 100~200m 的缓冲空间，避免了与其旁边建筑物的冲突。在竞赛场主出入口等重要地段，梦村土城展现在人们眼前，而且布置的设施不遮挡视线。流经公园境内的城内川改修成人工池塘，使它有防洪、给水景观的作用，而且恢复了梦村土城原有的护城河。水边有散步区、眺望区等幽雅的环境。为了使竞赛场与梦村土城的地形协调，特别降低了赛场屋顶线的高度，采用分散形式，不压缩梦村土城的规模。

（六）国外城市体育公园的发展经验借鉴

我国体育公园建设起步较晚，自身有着很多不完善的方面，而美国、英国等西方国家以及日本、韩国这些亚洲国家，其体育公园建设时间远早于我国，并且发展状况极佳，有许多优秀的经验值得我国借鉴。

1. 体育公园的选址原则

通过对美国、德国等国体育公园的研究，不难发现，体育公园的选址存在着共同的特点：环境优美、场地开阔、空气质量及植被条件优良，并排除了存在安全隐患及其他干扰的区域。这些特点一方面体现了体育公园的“以人为本”，符合人们参与体育运动的基本环境要求，另一方面体现了人与自然的和谐相处。

2. 体育公园的项目设施

美国体育公园的场地设施秉持着多样性的原则，并未统一体育公园的场地及设施，而是根据地形特点、人们的喜好、参与目的进行划分，在体育公园内规划不同的场地设施。美国体育公园为了满足不同年龄人群的需要，大多设置了多种多样的项目中心和运动场地。英国体育公园的人文气息很浓厚，处处体现对不同人群的关怀。日本体育公园以体育场馆为主，充分考虑居民体育运动需求，将体育运动场与自然公园相结合。

3. 体育公园的专业人员配备

这里提到的人员配备，不是指体育公园的基础服务人员，而是指体育公园为特色项目所配备的专业教练员，一方面对人们已经掌握的体育技能做进一步的指导，以帮助技能的提升；另一方面当你想要学习新的运动技能时，来到体育公园，不仅可以碰到一群志同道合的朋友，还能获得专业的指导。

4. 对我国体育公园发展的启发

① 在市民使用率较高的城市空间中选择适宜的环境加以改造，建设既能修复原有生态环境，又可满足城市居民的体育活动场地需求，成为现代体育公园的一种有效建设方式，择适宜之地而改成为现代体育公园建设的主流。② 现代体育公园择需要之地而兴，不仅满足游人体育锻炼、体育保健和游戏的要求，也为人们开展其他休闲活动提供条件。③ 采用“按需而建”的发展模式，灵活的形式真正使体育公园与市民生活相互融合。社区型体育公园择理想之地而融成为未来城市体育公园形式的最好代表。

三、我国城市体育公园发展回顾

（一）我国城市体育公园发展类型与特征

1. 城市体育公园发展类型

现阶段，我国体育公园的兴建类型可以分为 3 种。①根据实际用途分为：比赛型（广州天河体育中心）、服务型（杭州城北体育公园）、消费型（上海闵行体育公园）三类。②根据公园服务半径大小分为：大型市级（深圳福田体育公园）、中型区级（绍兴大滩水上体育公园）、小型社区级（北京方庄体育公园）三类。③根据运动项目分为：综合型、主题型、单项型。随着城市体育公园的不断发展，其类型逐渐多样化与多元化。这些类型的体育公园在我国各地均有建设，现阶段发展较好的是比赛服务型的市级综合型体育公园，这一类公园场地大、场馆较多，在运营管理上比较灵活；其次是消费单项型公园获得了较好的发展，因为其场地面积比较小、项目单一，管理投入并不需要太多。

城市化的快速发展致使我国城市人口逐渐增多，人口的增多极大地推动了城市经济的发展，但是也给城市带来了很多问题，如环境问题、交通问题等，用地的减少致使城市居民体育锻炼缺乏场地，是城市化带来的又一个问题；因此，小型社区级体育公园脱颖而出，成为城市体育公园建设发展的新趋势。

2. 城市体育公园发展特征

体育公园与其他公园最大的不同之处是以体育健身为目的，能够满足城市居民的多式样体育需求，同时也可以作为一般城市公园来使用。城市体育公园不仅保留了一般城市公园的基本特征，更具服务于体育的功能特性。

（1）生态性。居民生活水平的提高，对健身环境的要求也越来越苛刻，正如马斯洛需求层次理论中所提到的那样，人们在满足了最基本的生理需求之后会不断地提高更深一层的需求。体育锻炼也是如此，当居民健身需求被满足，更深层次的健身环境的需求、健身安全性的需求将被人们所重视，所以在体育公园修建时健身环境将是今后重点考虑的一环。体育公园区别于城市公园和城市锻炼场所的第一要点便是其生态环境的建设，独特的园林景观的建设不仅能改善城市环境，而且能满足锻炼人群的心理和身体需求。我国正在建设的体育公园，其生态环境大多较好，运动设施和公园绿化相互交错。

（2）文化主题性。体育公园建设要根据居民和城市建设的需求，结合当地风俗建立确定的主题，建设何种类型的体育公园是一直在探讨的问题，根据市场的调查，符合市民需求的要多建。为服务大众，在体育公园规划建设中首先应该对居民锻炼习惯和健身项目的选择进行调查，在了解居民需求的基础上完善体育公园的项目建设，这样才能做到真正的服务居民，否则体育公园建成后只会成为一座座无人光顾的空园。

体育公园的文化特征往往通过其规划和定位以及自身附带的功能结构来反映，有时还呈现不一样的地域特征和风格，从而形成与地区文化背景相适应的城市环境现象。主题公园除了是居民运动的主要场所之外，还是居民进行休闲游玩的场所，这样就给了它很多可以选择的主题。目前，我国的主题性体育公园并不多，多数是以综合性体育公园的形式存在。

（3）公共便民性。作为大众健身的场所，体育公园首要的考虑因素应该是居民锻炼的便利性。更好地服务城市居民，让城市居民方便进行体育锻炼是体育公园首先应具备的特性。决定其便利性的主要因素包括体育公园位置的选择、体育公园周边设施的建设以及交通情况。目前，我国体育公园建设存在着对便利性考虑不周的案例，如绍兴大滩体育公园和莆田妈祖体育公园，这两所公园附近的居民区并不是很多，而且交通并不便利。

体育公园不一定是完全免费的，而是根据入园人数多少决定是否免费。体育公园各个场地设施开馆时间和其免费向公众开放的时间是公园公共性的主要体现，我国体育公园的修建是伴随着全民健身的不断发展而完善起来的。目前，我国所建成的体育公园多以大中型为主，这些公园很多场地设施的管理和维护需要资金投入，所以一部分场地并不是免费向公众开放；另外，很多体育场馆并不对居民开放，这也影响了居民健身的兴趣。

（4）服务持续性。居民进行体育锻炼是长期性的，因此对于体育公园的管理维护有更高的要求，需要长期维护与安全保障。体育公园不同于一般的公园，运动功能是体育公园的核心特征，它具备一般城市公园不可比拟的运动条件。它不是体育场馆与花园的简单组合，而是将体育设施与绿化紧密结合，统一布置是运动场所“公园化”的尝试。我国体育公园建设中存在着一些问题，由于缺乏行业规范及标准的具体指导，目前我国体育公园功能定位仍然不太明确，规划设计未能很好地体现体育主题，服务于运动功能，体育公园中植物种类选择没有特点，忽视了某些植物对人体健康的不利影响。

总的来说，体育公园是城市生态文化建设的综合体。它与其他公园最大的区别在于其在本质上以体育健身功能为主要内涵，目的在于满足城市居民多层次的体育需求，同时兼有一般城市公园的功能。本研究认为，体育公园是指能够体现城市经济、文化、教育、科技、生态、卫生等水平，以体育为特色，以服务全民健身活动为目的，集体育运动、康体健身、娱乐休闲、观光旅游、生态保护于一体，以优美的自然环境为背景，以各种体育设施为手段，以快乐体育为主题，以运动健康为目标，以体育文化烘托健身气氛，以生态人文社会和谐渲染人类精神，为运动者提供一个优美、休闲、绿色、健康的运动环境的地方。

（二）我国城市体育公园发展历程

随着体育大众化进程渐渐加快，全世界许多发达国家已经提前步入体育公园发展的中高级阶段，但是我国的体育公园建设自 2008 年北京奥运会后才刚刚起步。中国“年轻化”的体育公园有许多值得研究的地方。事实上，人们已经越来越清醒地认识到，在探索城市体育公园发展的高级化过程中，应揭示其更深层次的价值。

1. 我国体育公园的萌芽阶段（20 世纪 50 年代末到 90 年代末）

我国居民的锻炼场所最早是体育场、体育中心，这些场馆现今依然存在于很多城市中，在此阶段依然是城市居民进行体育锻炼的主要场所，而体育公园的雏形也是由这类型的场所改建而成的，在体育场周边空地种植植被等来增加锻炼场所的绿化面积，这一时期的体育公园并没有具体的规划和目标，只是人们为了锻炼的舒适和环境的美观而修建的，也有一些是在原有的绿地之中添置健身设施。

这一阶段，体育公园还没有明确的概念和建设的规模，而且国家也没有相应的政策提出要建设和发展城市体育公园。最早建设的体育公园是 1959 年的哈尔滨水上体育公园，修建此公园的主要原因是，该地区逐年的泥沙堆积导致其不能再作为码头，而在城市的总体规划中，它与江畔公园相连，所以政府决定将其改建成水上体育活动的场所，夏天供居民进行游泳运动，冬天可以进行滑冰运动。公园内划分为 6 个区域：儿童浴场、潜泳区、综合区、深泳区、跳水区及船支停泊区，并且在周围种植了绿化植物。这一规划仅仅是从资源改造的角度进行建设，“体育公园”休闲、运动相结合的主题并不是很突出；但其首先将居民健身场所改建到运动场之外，为我国体育公园的建设开辟了先河。

其后，最具代表性的是上海共青国家森林公园。该公园于1986年投入使用，不同于专项建设的体育公园，它是以森林为主要景观特色的公园，该公园主题特色为各种树木林地，并在其中辅以多项户外体育场地设施，如足球、攀岩、垂钓、射击等项目设施，因此该公园也成为户外项目爱好者的锻炼场地。森林公园并不是真正意义上的体育公园，但是在公园内设置运动设施无疑为公园增添了更多的人气和活力。

20世纪90年代末，山东东营市体育公园建成，北京市住宅区体育公园、福州市体育公园开始进行规划建设。这些公园的出现标志着体育公园在我国逐渐被政府所重视并兴建，而我国体育公园发展也正是由此开始的。

2. 我国体育公园的初步发展阶段（2000—2008年）

我国现有的体育公园发展较晚，绝大多数修建于2000年后，在《全民健身计划》的深入推广和北京申奥成功以来，人们健身运动热情极度高涨，运动保健观念逐渐加强，再加上公园设计理论的日趋成熟等诸多因素的共同影响，掀起了体育公园建设的高潮。我国较早建设开发的有：北京方庄体育公园、北京回龙观体育公园、上海体育公园、山东烟台市体育公园、重庆石子山体育公园、福建龙岩体育公园、广州市白云区体育公园、深圳福田体育公园，等等。早期体育公园的建设，从行政区域分布上看，华东、华南地区体育公园数量较多，华北地区次之，而西南、中南、东北部地区数量较少，这说明体育公园的建设与地区经济发展水平密切相关。这一阶段，是我国体育公园初步发展的阶段，其发展主要表现如下。

第一，由于是在2008年奥运会之前，当时对于体育公园的兴建还处于初级探索时期，对于体育公园如何规划还没有明确的方案，各地的体育公园建设和规划五花八门，各种类型的体育公园都在进行规划建设。

第二，这一阶段，由于前几年规划建设的盲目性导致了很多的问题出现，很多的体育公园没有能成为市民锻炼的场所，有些成了废园，有些变成交易市场。这一阶段体育公园发展的问题主要集中在管理上，由于经营管理的不合理，导致体育公园出现了很大的资源闲置问题。

3. 我国体育公园的生态发展阶段（2008年至今）

后奥运时代，全民健身理念日益深入人心，居民对参与生态体育运动的诉求越来越高，越来越多的人希望参与到更加健康、和谐、文明的生态体育活动中。然而经济的不断发展提高了城市化进程，城市居民的户外活动场所越来越少，城市体育公园正好可以解决以上矛盾，既可以根据当地城市规划，利用当地自然植被特点，为当地居民提供活动空间，又能提供群众需要的绿色健身平台。所以各地体育公园如雨后春笋般不断建设，还有大量体育公园建设项目正在筹备酝酿中。2010 年至今，体育公园呈现生态发展趋势。体育公园所倡导的生态体育理念正好迎合了我国城市居民的健身需求，促进群众自发地进行体育锻炼，从而改善居民的生活方式，提高其健康水平。

各个地区人口分布和居住情况不同，人们的体育需求也不同。沿海地区居民喜爱的体育活动多以水上运动为主，陆地运动为辅，如在江、浙、闽地区，龙舟的历史当属悠久，而如今赛龙舟依然被人们所提倡，皮划艇、帆船比赛也层出不穷。又如，游泳在南方很多地区都被列为中考体育项目。而在我国东北三省，高纬度的地理位置带来的极寒天气使当地的冰雪项目极其丰富，甘肃、新疆等地因其戈壁沙丘较多，所以盛行滑沙等运动。现如今，修建体育公园已经成为我国城市绿地建设的新热点。城市体育公园将绿地与运动场所有机地融合为一体，不仅为人们提供自然、舒适、优美的运动环境，而且对增加城市绿地面积，提高环境生态效益都有着积极的作用。近年来，我国各地开始纷纷探索生态体育公园的规划建设。如北京时尚体育公园、上海闵行区体育公园、苏州阳澄湖生态体育公园、成都市龙泉“阳光体育城”、深圳宝安桃源居森林体育公园、广东新会龙湾北坑体育运动公园、深圳龙岗体育公园、秦皇岛森林体育公园、长沙谷山体育公园等，这些公园以自然生态为依托，集体育竞技、户外运动、休闲娱乐、文化教育、观光旅游、生态探险等主题于一体，是大型生态型体育公园；此外，围绕社区生态文化而兴建的社区体育公园也不断兴起，生态体育公园成了近年来公园建设的主旋律。

综上所述，随着城市化进展和全民健身深入推广，体育公园作为城市居民进行体育锻炼、地区体育赛事承办的主要场所，从开始的萌芽阶段到初步发展，再到生态化发展阶段，在我国各地的发展规模日渐扩大。从我国城市体育公园目前发展形态来看，主要存在如下比较突出的矛盾和问题。

第一，规模大，项目设置缺乏个性和特色。现在兴建的体育公园多为综合性的体育场馆，而且大多数的体育公园并没有特色优势项目，千篇一律地兴建场地。新兴场馆的落成总会吸引很多的居民，但是随着时间的推移，如果没有特殊的项目可以吸引一批锻炼者，终将会是昙花一现，导致公园人流减少，出现公园资源闲置的现象。

第二，配套设施不足，建设缺乏生态规划。体育公园生态化是指其各项设施建设的完整性、公园发展的持续性及其环境建设的生态性。而现在许多地方的体育公园在基础设施建设上，缺乏相应的服务设施配置。公共座椅、卫生间、售卖亭、洗浴间等设施的完善才能体现公园建设的完整性。体育公园要有长期的规划措施，这样才有利于公园的长期发展，建设后的持续利用，尤其是大型场馆赛后的长久使用问题怎么解决，直接关系到公园发展的持续性；体育公园区别于其他运动场的特点是其生态性，在绿化措施上不应仅仅追求种植数目，园林绿化更是要切合各项运动设施，让锻炼的居民充分感受到运动气氛。

第三，运作项目单一，体育公园运营堪忧。市场经济发展的影响是全面的，我国体育公园也有市场化经营的案例，但数量并不多，能够自负盈亏的体育公园比较少。随着国家政策的支持，以及人们健身需求的逐渐增加，其市场化的发展趋势是必然的，而且各地也都在逐渐尝试体育公园市场化经营。例如，将体育公园中的羽毛球馆承包给经营者，政府只限定其使用功能为羽毛球馆，其场馆维修、场地租赁等都由经营者负责。

第四，重建设、轻维护现象普遍。体育公园作为一项民生工程，其发展离不开各级政府的政策扶持和引导。我国各地体育公园的建设基本都是政府作为投资主体直接参与建设。公益性的体育公园自建设投入使用后，公园场地和基础设施损毁现象严重，由于缺乏专业化管理，造成体育公园的体育设施和场地得不到及时维修。维护好体育公园，这是广大市民的心愿，因为最终受益的将是我们每一个人。

第四章　我国城市体育公园文化生态考察

全民健身已切实提升到建设健康中国背景下的国家战略层面，城市居民休闲体育空间的发展也提到了改革的日程上。为了满足城市居民对参与生态体育运动的诉求，探讨城市体育公园文化生态建设与持续健康发展的道路，本章主要从城市休闲体育空间布局、城市体育公园文化生态考察、体育公园文化生态平衡问题等几个方面来阐述。

一、我国城市休闲体育空间布局考察

现阶段，社会发展比较快，人们的生活节奏快，生活压力比较大。为了缓解自己的压力，释放紧张的情绪，城市中可供居民选择的健身形式越来越多，人们锻炼健身的意识也是越来越强，对于运动场地的需求越来越高。正如李相如在《休闲体育蓝皮书》中提出的：休闲体育是因需而生。城市体育公园作为人们健身锻炼的空间，其范围从社区走向公园、广场、绿地，从开放空间走向城市公共空间，从城市市区空间走向城市郊区空间等，这正迎合了人们对锻炼空间的需求。[1]“共建共享，全民健康”，当体育遇上公园，不仅为人们带来了更好的身心体验，也为城市居民体育休闲空间发展带来了全新机遇。

（一）城市休闲体育空间布局现状

1. 城市居民体育锻炼的时间分析

城市居民是体育锻炼的主要参与者，城市居民的各项活动都是在创造公园文化。我国城市居民的工作时间很有规律，周一到周五的工作时间集中在上午的8:20—11:50，下午的1:30—5:30，周六、周日休息，另外，国家的法定节假日也休息。因此，城市居民有充足的业余时间进行体育锻炼活动。固定的工作时间和节假日时间为城市居民的体育锻炼提供了时间上的支持。另外，从大量的城市市

[1] 袁继芳，陈建国．城市体育休闲公共空间研究的必要性 [J]. 军事体育学报，2016,（3）：57-59.

民的健身时间的调查中（通过问卷方式在全国34个省级行政区进行网络调查）获知，城市居民每天进行休闲体育锻炼时间分配的情况如表4-1所示。

表4-1 城市居民体育锻炼时间和方式统计

时间	5:30—7:30	17:30—18:30	20:00—21:00
方式（工作日）	散步（17%）、广场舞（19%）、慢跑（24%）武术太极拳（19%）、其他（21%）	社区健身（29%）、球类（11%）、健身房健身（21%）、其他（39%）	广场舞（39%）、暴走（11%）、室内羽乒（12%）、足篮球（14%）、其他（24%）
方式（周六、周日、节假日）	户外爬山（14%）、拓展运动（8%）、旅游健身（29%）、民族传统体育（19%）、其他休闲体育活动（30%）		

从表4-1中可知，城市居民休闲体育活动时间安排既合理又充分。城市居每天进行体育锻炼的时间大部分集中在5:30—7:30、17:30—18:30、20:00—21:00。城市居民是体育公园文化生态的主体，居民锻炼时间的调查为我们体育公园文化建设提供了充足的依据。

2. 城市居民体育锻炼的空间现状分析

据2014年国家体育总局对6~69岁人群的体育健身情况和体质状况进行抽测，调查结果显示，我国20~69岁城乡居民体育健身活动的参与度比上年增长了1.3个百分点，其中，达到每周一次及以上的比例为39.8%，体育场所或体育场馆成为人们参与体育健身活动场所的首选。面对大众体育健身对场地设施的新需求，各地政府加大了对城市锻炼场地的建设力度，加强了对公园、广场等休闲场所的管理和维护，让更多的居民走出家门，走进自然，融入社会中，开阔了居民体育锻炼的空间，加大了居民的活动范围，丰富了城市居民进行健身的形式，吸引了更多的城市居民进行休闲体育的锻炼。城市体育公园文化生态的建设就是在这样积极的形势下逐步完善起来的。

3. 城市休闲体育空间存在的问题剖析

城市居民休闲体育存在的问题主要有以下几个方面：便利性缺失、不能激发居民消费需求、供给结构不均衡、规划供给缺乏合理性等[1]。另外，城市休闲体育空间问题产生的原因是多方面的，不仅受城市发展、经济条件的影响，还受政府部门、体育设施资源、居民休闲健身意识、体育消费意识等多方面的影响。

[1] 李风成．现代田径运动训练的主要特征研究[J]. 运动，2017, 3.

城市经济的快速发展使得休闲体育场馆和设施建设得到迅速的发展，并且在城市道路、公交系统等其他方面均为居民参加休闲体育带来了便捷性。此外，城市经济的发展使得更多的休闲体育空间得以免费开放，吸引更多的居民加入休闲体育活动。但是，相对于庞大的人口数量，城市的休闲体育空间依然不足，城市居民其固有的消费意识还没有得到全面转变，在体育方面的消费并不积极，而居民在体育方面的消费，也降低了居民参加休闲体育活动的积极性。另外，休闲体育市场尚未成熟，并未形成系统性的发展，更多的是居民自发、散乱地开展休闲体育活动，已有的休闲体育空间并未得到合理利用。当前，政府部门对休闲体育的重视程度依然不足，这不仅体现在休闲体育的资金投入上，还体现在对休闲体育空间的利用方面，没有足够的资金投入到休闲体育空间的建设和改造上，就无法满足大量城市居民的健身需要，并且未对已有的休闲体育空间进行合理利用，造成一定程度的体育空间浪费。[1]

（二）城市休闲体育空间布局优化路径

鉴于以上对城市居民休闲体育的特征和休闲体育空间现状及存在问题的分析，总体上，我国对于城市居民体育锻炼空间的重构还不成熟，制度上还不完善，还需要进一步改进。原则上应该以居民的实际需求为指导，以城市的具体规划为方向，以国家的政策为出发点去建设城市居民休闲体育空间，图 4-1 是本研究尝试提出的城市居民休闲体育空间重构意见。

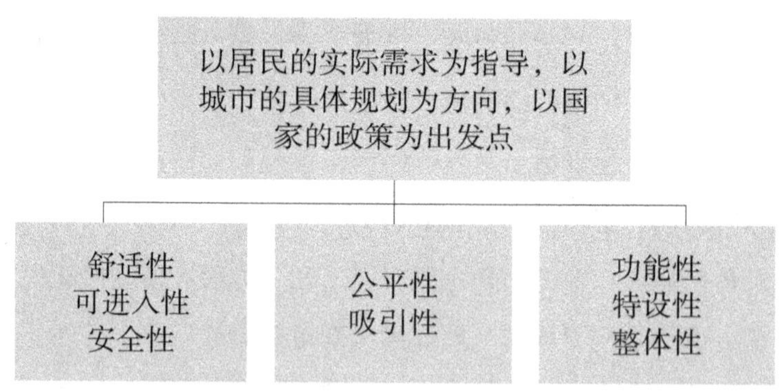

图 4-1　城市居民休闲体育空间重构意见图

[1] 郭修金 . 休闲体育与休闲城市建设互动关系研究——以杭州、上海、成都为例 [J]. 南京体育学院学报：社会科学版，2011, 21（5）：31-32.

1. 城市居民休闲体育空间之布局优化

布局研究对于城市居民休闲体育空间建设具有重要的意义。利用该手段整合资源，利用空间，形成复合、稳定、结构化的空间格局是休闲体育空间发展的未来走势。（表 4-2）

表 4-2 城市居民休闲体育空间布局优化形式

布局优化	操作定义	特点
组团式布局（圆形布局）	将多个功能空间形成一个布局分散但是功能互补的模式	每个组团内部功能互补，组团之间功能一样
城市环绕布局	环绕城市建设休闲体育空间，即环城体育空间	参与人群的体育消费能力相近
体育生活圈布局	都市体育生活圈理论（日常、周末、节假日体育生活圈），保证每个社区都可以形成综合体育设施点	分为社区圈、城区圈、综合圈
条形布局	以河流、道路等为条形的中轴线，沿途分布休闲体育空间	可以与旅游、休闲体育相结合
城郊结合式布局	根据一区带一郊的指导思想，进行互补式的居民体育空间改革	主要分布在城郊结接处，形成整体休闲体育功能圈

城市体育公园是城市居民进行体育锻炼的主要场所，也是城市居民休闲体育空间发展和改革的必要因素，只有具备足够的空间场地，体育公园才能得到快速、持久的发展。而城市体育公园文化生态空间的布局直接影响居民体育空间供给侧的发展。因此，本研究提出上述多种休闲体育空间布局优化方案，希望有助于提高居民体育锻炼空间供给侧的效能。

2. 城市居民休闲体育空间之供给优化

现阶段，我国依然存在着城市休闲体育空间供给不到位，不能满足城市居民健身需要的情况。许多已有休闲体育空间的体育设施、产品的供给非常单一，居民的选择面非常窄。[1]

在进行休闲体育空间优化时，相关部门和组织可对城市居民进行民意调查，对于居民愿意参与的体育锻炼活动加大投入，增加体育设施，并为城市居民提供多样化的体育设施、产品，有效地给居民提供更多的选择，吸引更多的城市居民参与到更加多样化的体育锻炼活动中。另外，相关政府部门或组织可以对自发组

[1] 常乃军，乔玉成．社会转型视域下城市休闲体育生活空间的重构 [J]. 体育科学，2016, 16（12）：18-19.

织的居民健身行为进行管理和引导，对一定的健身活动区域和空间进行规划，对城市居民的锻炼时间选择、锻炼人员数量以及锻炼方式等各方面均进行引导，同时对城市居民提供健身指导等，使城市居民的生活方式与体育锻炼能结合在一起。表 4-3 是城市居民休闲体育空间供给优化的具体形式及特点。

表 4-3 城市居民休闲体育空间供给优化的形式及特点

供给优化	操作定义	特点
政府供给	政府在城市居民休闲体育空间供给侧改革中起到主体作用，占主导地位	提高公共服务质量 加大投入与建设
市场供给	给市场主导地位，以市场需求为导向	创新休闲体育产品 改善环境
社会供给	发挥各类社会组织的全面辐射效能	对有效资源进行整理合并，重视服务功能
综合供给	以上 3 种方式的有序融合	具备上述所有特点

3. 城市居民休闲体育空间之体制优化

目前，各地政府还没有相对完善的城市居民体育锻炼管理机制，城市体育公园的发展不能同城市发展相结合，各种制度的制定并不能与体育公园文化生态的发展相结合，这在一定程度上阻碍了城市体育公园文化生态建设的发展。建立健全灵活的发展策略和制度有利于发展城市居民的休闲体育运动，同时政府的这些策略也为居民进行锻炼提供了保证。政府部门应该在健全体制方面进行深入研究，为休闲体育的发展提供更有利的空间。[1]

4. 城市居民休闲体育空间之模式优化

城市居民休闲体育空间的模式优化是基于现有资源可能存在的问题的优化，本研究结合城市的建设空间因素和休闲体育供给端现有的资源状况进行分析、讨论，提出以下 4 种优化形式。[2]

如表 4-4 所示，无论是哪一种模式的优化改革，目的都是为了提高“利用率”，且最大限度地开发供给侧的资源。具体的优化模式的选取还需要根据具体城市特征来分析，例如城市的交通特点、水渠资源、绿地分布特征、商业中心位置等。

[1,2] 李风成 . 现代田径运动训练的主要特征研究 [J]. 运动 , 2017, 3.

表 4-4 城市居民休闲体育空间模式优化形式

模式优化	操作定义	特点
与城市 RBD 结合模式	居民休闲体育空间与城市 RBD 结合，即与城市的经济文化商业中心的结合	带动居民休闲体育空间供给侧的发展，促进休闲体育产业的发挥
与居民区结合模式	与城市居民居住区配套体育设施的结合，满足大众体育的需求，促进其发展	提高大型公共体育设施的建造与使用率，避免重复建设的同时注重建设质量
与交通环境结合模式	根据地铁、公交、BRT 的分布形成网状结构提高出行与休闲体育的有机融合	利用交通环境，提高供给端利用率
与城市绿色环境结合模式	与城市中的广场、公园等相结合的模式	根据能够有效使用的绿地面积控制规模

（三）城市体育公园的空间布局原则

针对城市居民休闲体育空间存在的便利性缺失、供给缺乏合理性、居民体育消费水平不高、结构不均衡等问题。本研究认为，主要从布局、供给、模式、体制四方面进行城市休闲体育空间的重构与优化。本研究希望用城市居民休闲体育空间布局与优化路径，来指导城市体育公园文化生态空间的建设与发展。

1. 合理地利用各种可利用的土地资源，使体育公园的利用效益最大化

土地的缺乏，是当今公园和开放空间发展最大的障碍之一。我国人多地少，人均土地资源相当稀缺，随着城市化进程的加快，城市居民的户外活动场地越来越少，因而，合理地改造和综合利用各种可以利用的土地，就成为一种有效创造开放空间的重要方法。此外，已经开发的公园资源也是有限的，对时空资源、休闲人力资源、休闲经济资源都要多重复合利用，充分发挥其效能。只有对物质能量高效利用，才能使体育公园的利用效益最大化。

2. 合理利用公园的自然环境和社会环境，增强体育公园的休闲承载力

城市内的自然条件不可能是匀质的，各个地块的地形地貌等都有着很大的差别。自然环境与人工环境在体育公园营建中都是不可缺少的要素，因此营建体育公园健身环境时应该有自然环境与人工环境相结合的思想。明确健身活动与健身

空间密不可分的关系，同时在深入了解游客行为心理和空间特征的基础上，顺应自然地理环境，在尽量少动土方的前提下，因形就势，充分利用本地自然资源，在形态、结构和内容上构成和谐统一的整体。科学营建适合健身活动的场地可以吸引更多游人的加入，从而提高公园健身空间的利用率。

3. 合理设计公园服务半径，实现体育公园健身服务均等化

实现公共服务均等化是我国公共服务改革的基本目标之一，政府应尽可能地满足人们的基本需求，尽可能地使人们享有同样的权利和服务产品。体育公园是公共服务资源，所以应该让每一位城市居民都能均等享受公园休闲健身权利，因此合理设计公园服务半径很重要，在合适的公园服务半径前提下，以服务全城市为目标，并且尽量做到大、中、小公园均匀分布，方便居民使用。合理设计公园服务半径也是充分考虑市民的体育需求，给居民创造一个高层次的体育文化生活氛围，提高居民的生活质量。

4. 合理开发公园项目，突出体育公园主题功能

开发方便管理并且适合于公园和开放空间类型的活动内容是非常重要的。持续稳定的使用，可以提高公园的收入，这可以解决公园建设资金不足的问题。在许多成功的公园案例中，高水平的活动是它们最廉价的治安防卫措施。公园的活力越大，恶意破坏就会越少，反过来又会吸引更多的使用者。但是，如何才能在增加活动内容的同时保持开放空间的品质，不让过度开发导致超负荷使用与环境恶化，也是需要设计者和管理者们认真研究和论证的。因此，体育公园的体育项目要因地而异，各地区应根据当地群众的运动喜好设置体育项目。规划设计上要十分注重与本地实情相结合，在充分了解群众运动需要的基础上，适时建设室内外相结合的运动场所，开办体育俱乐部，并建设以群众喜爱的运动项目为主题的体育公园，从而提高运动项目的丰富度与趣味性，做到为不同年龄段的群众服务。

随着社会老龄化现象的严重，在体育公园开发出供老年人使用的较小规模的设施，并考虑到任何时候都可以方便利用的设施及运动项目，体现出对社会弱势群体的关注。这种以“健康运动”为主题，以维持并增进国民身心健康为目标的体育公园建设，在当今健康中国建设下显得尤为重要，也是我国体育公园面临的一个重大的任务。

二、我国城市体育公园文化生态现状考察

城市体育公园作为人类城市化快速发展的产物，其本身的建设就是文化的体现，对于体育公园的文化生态价值，本研究主要在“以人为本，体育运动与自然生态环境和谐发展”的理念下探讨城市体育公园在建设和发展中的问题。本节主要围绕城市体育公园的参与主体对体育公园文化生态自然环境和社会环境两方面展开生态考察。

（一）城市体育公园参与主体基本情况

城市体育公园的参与主体包括锻炼人群和管理者两部分。我们从以下四个方面对到体育公园进行锻炼的居民进行调查和分析。

1. 城市体育公园健身人群年龄结构及性别分析

从图 4-2、图 4-3 可以看出，在城市体育公园中的锻炼人群中，19~35 岁的人群占 56.1%，36~55 岁的人群占 30.9%，而大于 56 岁的老人仅仅占 5.5%。说明青年人和中年人在日常生活中比较重视体育锻炼。然而，在调查发放问卷的过程中，可以发现大部分的家长都带孩子在公园中进行锻炼或游玩；在与一些老人的交谈中可以了解到，他们对体育锻炼同样很重视，但是由于公园中的运动项目设置多为竞技项目，所以很多老年人选择在家附近的绿化地健身。在调查中同样可以发现，锻炼人群中男性多于女性，符合在走访中所观察到的情况。说明现阶段市民的观念中，男性运动健身思想强于女性。

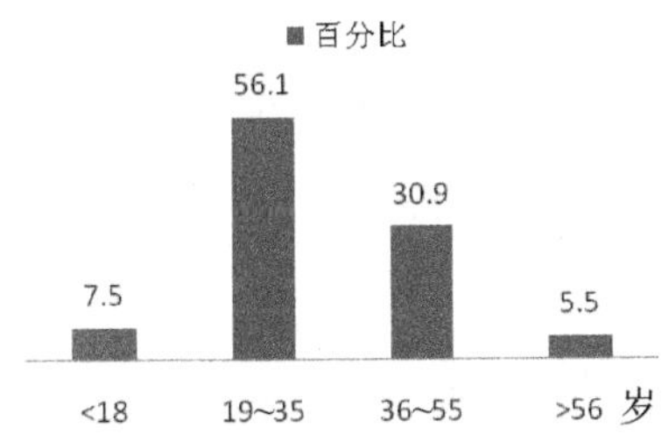

图 4-2 参与者年龄分布比例图

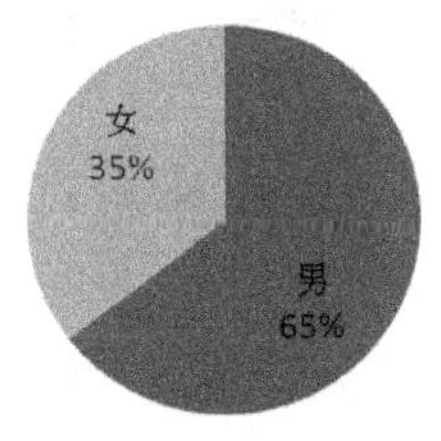

图 4-3 参与者男女比例图

2. 城市体育公园健身人群工作性质及月收入分析

由图 4-4 看出到城市体育公园健身的人群中，半数以上都是在职的企事业职工，其次学生群体占总人群的 16.3%，而退休人员仅占 7.7%，这表明老年人现在并不是城市体育公园锻炼的主体。

图 4-5 显示，月收入在 2000~5999 元之间的人占总调查人群的 58.5%，月收入在 1999 元以下的人群则只有 5.5%。2014 年，我国城镇居民人均消费水平为 14491 元，月平均水平约为 1208 元。这说明人们在满足基本温饱之后，大多数选择了进行体育锻炼。此外，无收入人群占 19.1%，学生群体也占了相当一部分比例。

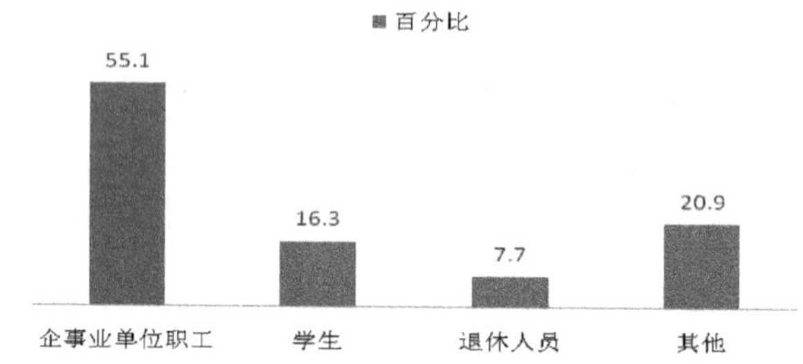

图 4-4 体育公园健身人群工作性质比例图

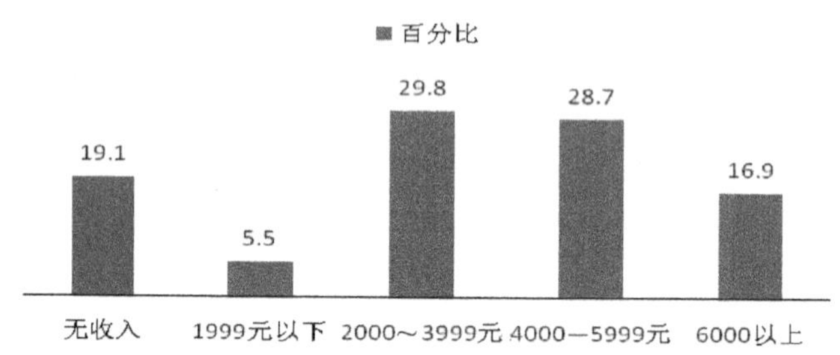

图 4-5 体育公园健身人群收入比例图

3. 城市体育公园休闲与健身活动选择分析

调查结果显示，在市民到体育公园的主要目的中，最主要的三种是：①锻炼身体（包括散步）；②休闲娱乐（包括看书、休息、玩耍）；③同伴交流（朋友小聚）。可见，体育公园已成为人们健身、娱乐、休闲的最佳场所。

4. 城市体育公园健身人群每周锻炼次数和锻炼时间

根据图 4-6，所调查的市民每周在体育公园参加体育健身的次数情况分别是：一周 1~2 次占 41.5%，一周 3~5 次占 31.4%，每天都到体育公园进行锻炼的占 7.2%。说明在调查的市民中，大多数人有时间就喜欢到体育公园进行体育锻炼，从侧面说明城市体育公园对市民日常生活与体育活动有重大影响。

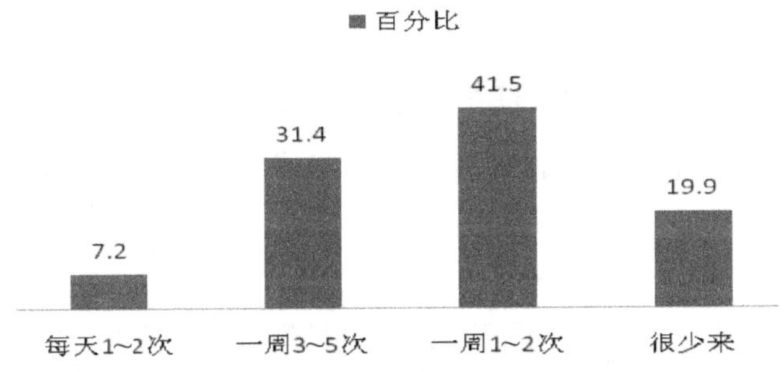

图 4-6 居民每周锻炼次数比例图

经调查发现，市民到体育公园参加体育锻炼的时间分别是 9：30 之前和 17：30 之后。这和城市居民的作息时间相符合，人们大多是在上班之前和下班之后进行体育锻炼。根据调查，部分城市体育公园的场地设施在晚上并不开放，这对市民的健身有所影响。

图 4-7 显示了市民在体育公园锻炼的持续时间，超过半数的人在体育公园进行 1~2 小时的锻炼，有 24.9% 的人进行 30 分钟的锻炼，在体育公园进行 30 分钟及以上锻炼的人达到所调查人群的 90% 以上，这样的锻炼时长足够对人体素质进行有效的提升。

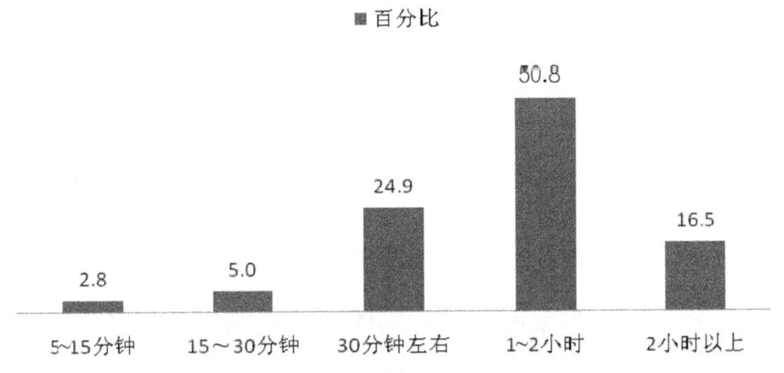

图 4-7 公园健身人群锻炼持续时间比例图

（二）城市体育公园健身环境现状

1. 城市体育公园自然环境

城市公共空间中需要可以强身健体的体育运动场所，更需要体现生态美感、符合城市发展生态学价值的场所。城市体育公园具有生态型的基本特征，其园区一般建筑在风景优美、景色宜人的场地，园区内丰富多样的体育设施吸引着众多游客。

表 4-5 是健身群体对自然环境布局选择情况的调查，可以看出健身场地面积、活动舒适度、游玩设施、休息设施及绿化景观等是人们在进行体育锻炼时重点关注的几个方面。

表 4-5 公园自然环境布局选择调查表（N=908）

空间选择	游玩设施	休息设施	健身场地	活动舒适度	绿化	景观	其他
人数（人）	137	85	327	244	45	10	60
百分比（%）	15	9.4	36	26.9	5	1.1	6.6

由表 4-6 城市居民对体育公园自然环境满意度的调查可以看出，对体育公园自然环境不太满意和不满意的仅仅占 1.7%，说明现阶段体育公园的自然环境得到了绝大部分市民的认可，这和现阶段城市生态环境恶化下人们渴望接近自然的心理要求相吻合。绿色的环境能带给人们愉快的心情，并使人们得到良好的休息，保持旺盛的精力。体育公园环境优美，空气清新，注重人与自然环境相融合，重视阳光、空气和水对人健康的重要价值，为人们进行体育锻炼提供了一个绿色空间。目前，城市体育公园的自然环境建设基本形成了一定的规模。

表 4-6 城市体育公园自然环境满意度调查表（N=908）

满意程度	非常满意	比较满意	一般	不太满意	不满意
人数（人）	116	532	245	5	10
百分比（%）	12.7	58.6	27	0.6	1.1

分析我国城市体育公园自然环境建设现状，更多的是从绿化标准角度去考虑，强调绿化率要大于 65%，然而现阶段有些体育公园的建设却没有体现绿地与活动之间的关系，这样就造成了体育公园绿化建设和公园主题设计不符的情况，造成

环境与运动设施建设脱节现象。而美国国家公园体系中对公园面积和公园配置有配套标准，要求在基本保留自然景观的基础上，设置野餐场地、游戏场和运动场等，体育元素占据了举足轻重的地位。日本政府颁布的《都市公园法施行令》规定都市公园的建设目标是平均每个城市居民拥有 $10m^2$ 以上的城市公园，其中，市内建城区公园的建设目标是平均每人 $5m^2$ 以上。修改后的《都市公园法》明确规定城市公园及郊区公园必须有一定的面积用于配建社区体育设施，在公园面积的统计中，体育设施面积也算为绿地面积。这些给我国体育公园建设带来了启示，要将自然环境建设和体育锻炼结合起来才是建设体育公园的最终目的，才能实现人们更高的健身体验。只有这样才有利于解决目前体育公园在自然环境建设过程中的问题，让优美的环境不再成为设施的“后花园”，真正成为开展体育休闲活动的绿色空间。[1]

城市体育公园的自然环境建设是体育公园建设的重要组成，也是城市文化的重要体现，生态型的体育公园不仅是城市居民锻炼的场所，同样也是他们重要的休闲去处。公园建设以生态和体育为主题正是迎合了现代城市的发展需求，同样也为城市的生态建设、文化建设、社会公益建设提供了重要场所。

2. 城市体育公园健身行为考察

本节我们主要进行对公园健身主体的运动项目选择及对健身环境的满意程度方面的进行考察。

（1）健身活动场地的选择情况。据调查，选择到运动功能区进行锻炼的城市居民超过半数，其次是到中心广场和到树林、草地的人数居多，这说明人们的健身健康观念正在逐渐提高。而到中心广场和树林、草地这些自然环境较好的场地进行锻炼健身的人群占到了大多数，说明人们在进行锻炼的同时，同样也关注与健身设施相和谐的绿化环境。

（2）健身活动项目及满意程度情况。通过调查发现，我国体育公园基本上都有健步走、跑步、乒乓球、羽毛球、网球、足球、篮球和广场舞等群众基础好的运动项目活动设施。当然，在城市建设及地方社会经济的影响下，加上公园的主题规划理念及南北人文气候等差异性条件限制，各地体育公园在满足当地群众

[1] 张英杰 . 我国体育公园规划初探 [D]. 广州：华中农业大学，2008.

的体育休闲活动需求基础上，公园的体育设施建设不同，呈现出各自的特色。

表 4-7 是体育公园健身人群对健身活动项目满意情况的调查表，如表中数据显示，基本满意和非常满意的市民占调查总人数的 43.4%，觉得健身项目一般的市民有 50.4%，而还有 6.2% 的市民觉得体育公园活动项目设置还没有达到理想状态。由此可见，体育公园健身项目基本上满足了一般居民的要求，但是随着市民健身需求多元化，体育公园的规划设计不应局限于固有的思维模式而应当随社会需求的变化而变化，因地而异，应在传统的体育项目基础上，适当引入现代时尚运动项目（如冰雪运动、极限运动）或者时下流行的休闲游戏，体现时代特征。

表 4-7　体育公园健身活动项目的满意情况调查表（N=908）

满意程度	非常满意	基本满意	一般	不太满意	不满意
人数（人）	80	315	458	40	15
百分比（%）	8.8	34.6	50.4	4.5	1.7

（3）体育公园服务设施情况。在所调查人群中 41.4% 的人认为还需要增加运动设施，通过访谈了解到，他们认为需要增加户外的运动设施，说明对于喜欢户外健身的人群来说，现阶段体育公园的运动设施还不能满足需要。休息设施较少和缺少服务型设施也是大多数人认为体育公园需要改进的地方。体育公园建设始终要以“体育”为主题，运动功能是体育公园的核心特征，它比普通城市公园具备更为充足的室内外体育运动场地及配套服务设施，为普通群众开展各种体育活动提供自然环境优美的运动场所。

（4）体育公园消费需求满意度情况。表 4-8 显示，53.6% 的人认为公园的各种设施可以满足居民进行休闲活动时的消费需要，仅有 4.4% 的人消费需求完全得到满足，还有 38.1% 的人觉得基本满意，对体育公园消费需求不太满意和完全不满意的占 3.9%。这说明现在的体育公园的消费设施建设可以满足一般消费需求。但是随着经济的发展，为了满足更多人的消费需求，体育公园市场化管理改革也势在必行。以外，通过访谈了解到，大多数的居民认为正常收费维持体育场馆的干净整洁和场地设施维护以及修缮是很有必要的。实际上，高标准的维护是对于使用者的尊重，反过来，公园也得到了使用者对于公园财产的尊重。

表 4-8 公园消费需求满意度调查表（N=908）

满意程度	非常好	满意	基本满意	不太满意	完全不满意
人数（人）	40	487	364	25	10
百分比（%）	4.4	53.6	38.1	2.8	1.1

（5）公共体育资源及管理机制情况。本研究认为，体育公园公共体育资源主要包括公共体育资源分布、公共体育设施维修及社会体育指导员的配备这几个方面。通过表 4-9 可以看出，有 55.1% 的人认为体育公园资源分布很合理和较为合理；但是 40.2% 的人认为公园资源只是基本合理，还有 4.7% 的人认为不合理。这说明现阶段体育公园的建设还没有做到科学设计，公园的有效空间还没有完全发挥作用，只有科学营建健身活动场地才可能吸引更多游人，从而提高公园健身空间的利用率。另外，走访体育公园发现，公园体育设施建设与维修问题是目前我国体育公园管理上的难题，随着大多数城市对公共绿地的建造、维护和发展方面投资的持续缩减，体育设施维修经费是一大缺口，并且，公园健身人群对于公园内体育设施及一些日常健身项目缺乏体育指导员指导的情况反映也较为集中。

表 4-9 体育公园公共资源分布情况调查（N=908）

认可程度	很合理	较为合理	基本合理	不合理	十分不合理
人数（人）	75	425	365	35	8
百分比（%）	8.3	46.8	40.2	2.8	1.9

表 4-10 显示，对于公园体育健身服务，50.2% 的参与者是基本满意或非常满意的，44.5% 认为一般，而 5.3% 认为还不太满意或不满意。显然随着全民健身的深入，政府层面对体育公共服务日益重视，公共体育资源供给也日益丰富。这与程志理等认为，公共体育资源正向影响公共体育服务满意度[1]的研究观点一致。我们又针对一般、满意、不太满意和不满意的受调查者进行访谈，了解到，除了公共体育资源的影响，如公共体育服务的财政投入、公共体育场地的开发与建设等，也要考虑社会体育指导员的影响作用。

[1] 程志理，等．公共体育资源、体育参与与公共体育服务满意度研究 [J]. 体育与科学．2016（07）：85-86.

表 4-10 体育公园健身服务满意度调查表（N=908）

满意程度	非常满意	基本满意	一般	不太满意	不满意
人数（人）	86	370	404	38	10
百分比（%）	9.5	40.7	44.5	4.2	1.1

另外，通过访谈调查获知，由于受传统计划经济体制的影响，我国体育公园管理部门大都存在角色定位不清的问题，缺乏体育、住建、园林、文化、财政等相关部门的支持配合，所以当前尚未形成紧密、有效的体育公园协同管理机制。体育公园作为全民健身的重要场所，快速发展的同时，体育设施管理维护却不到位，公园配置的很多健身器材没有进行专业化管理，导致各地屡屡出现设备更新不及时和未过使用期就报废等现象，从而降低了器材设施的使用效益，当然也影响了公共体育服务的供给。当前我国部分公益性体育公园单纯依靠政府补贴来维持正常运转的模式已是步履维艰，所以各级体育公园管理部门要强化市场意识，下放权力，并积极引入多方资金，深度介入体育公园的建设与管理，当然必须坚持公益性为第一原则，开展各种惠民服务，以实现体育公园管理部门、社会企业、健身居民三方共赢的局面。

（6）影响参与公园体育健身的因素。在调查居民认为影响参与公园体育健身的因素中，排名前三位的是闲暇时间、自身惰性克服、场地器材。同时，也有部分居民认为需要有同伴一起健身，这一点说明体育公园健身活动是具有群体性的。

从表 4-1 至表 1-10 分析，当前我国体育公园管理与维护缺乏相关部门配合等问题，给城市体育公园传统的经营管理方式带来了很大的挑战。本研究对城市居民在体育公园各项基本情况进行考察分析的同时，也分析了城市体育公园的自然环境和社会环境对居民健身的影响。适应是渐进的过程，体育锻炼也是如此，居民在公园环境的交互作用下逐渐适应体育公园的文化布局，体育公园合理的健身布局、优美的锻炼环境才是居民最佳的健身选择，同时也是促进体育公园发展的决定性因素。

三、我国城市体育公园文化生态的平衡问题

（一）城市体育公园文化生态相关影响因素

1. 主体自身因素

人们的体育行为与自身体育价值观有关。根据文化生态学文化核心及文化的整合性，人类社会在文化与其特定历史时期环境的互动中，越来越重视人类意识的积极作用，所以人们的体育价值观念往往与一定生活环境中形成的文化价值影响有关，因为人具有主观主动性。[1] 根据以上的调查结果分析可知，公园健身人群参加体育活动的主要原因依次是身心健康、休闲娱乐及同伴交流。可见，体育公园已成为休闲时代人们健身、娱乐的最佳身心锻炼与交流场所，良好的体育环境对人的休闲体育行为有熏陶和导向作用，它会给人一种无形的力量，能激发人们参与运动的欲望，并使人们在运动过程中身心愉悦。人们在体育公园可以根据自己的兴趣选择多种多样的休闲活动，轻松自在的健身环境，不仅促进人的身心健康，也拉近了人与人之间的距离，增进了人际的和谐交流。可以明显看到体育的健身、娱乐、教育、交流功能在影响着人们的体育行为选择。同时，我们也看到人在公园健身环境中的主导作用，而这种作用是通过影响健身居民的体育价值观念所体现出来的。所以说，人的行为与空间环境之间存在着复杂的双向关系，可以说城市体育公园健身人群对体育功能的认可与接受很大程度上直接影响体育公园文化生态格局的变化。

2. 体育公园文化因素

体育公园物质文化方面，包括公园各种物质要素产品（如长凳、亭子、健身步道、各种健身器械及体育场馆等公共资源）。根据以上调查分析可以发现，人们在公园健身时比较愿意选择场地开阔、舒适的公共体育活动场所。在人们认为参加公园体育活动的影响因素中，健身场地器材排名第三位，而且大多数的居民认为正常收费维持体育场馆的干净整洁和场地设施维护和修缮是很有必要的。在满意度调查中发现，从社会体育指导员这一人力资源情况看，他们不但要在数量上满足公园健身的需要，更要在基本素质上进行提升，进而满足人们进行公园健

[1] 李佳妍．青岛市社区体育文化生态建设影响因素研究 [D]. 济南：山东师范大学，2014（5）.

身的知识需求，使之进行科学有效的健身。

制度文化是保障体育公园管理运营的良好机制。从调查访谈中获知，体育公园对外宣传方面力度不够会影响居民的公共参与度；从公园的项目满意度来看，部分健身居民希望体育公园提供更多的活动项目以满足不同层次人群的需求；目前，我国大多数体育公园尚未建立长效的管理机制，体育设施管理维护不到位，体育公园建设与后期维修管理也是影响我国体育公园文化生态建设的主要因素。

体育公园文化的核心即其精神文化，体育公园文化生态建设的表现是体育公园文化氛围，它是体育公园文化系统中最为重要的因素，也是体育公园文化组织的精神保障。如通过对以上公园健身人群在自然环境、健身项目设置、服务设施、公园消费、健身服务等各方面满意程度的调查上可以反映出人们对参与体育公园健身的热情，以及公园健身的吸引力等，更主要的是，体育公园的文化氛围在很大程度上影响着健身人群参与体育活动的持久性。

3. 体育公园环境因素

体育公园的自然环境是指体育公园所处的地理位置、地形特征、自然资源情况、气候状况、植被、人工设施等。[1]

体育公园的社会环境包括国家政策、公园管理条例、经济发展状况、道德法律及健身人群的结构等。体育公园是一种公共资源，政府方面给予相当大的优惠政策与资金支持才能使体育公园提供正常的公益服务，这也是体育公园环境建设与改善的保障。此外，体育公园社会及文化环境的改善需要公园的长效管理机制，这既需要公园管理水平的提高，也需要公园健身休闲者道德素养的共同提高。体育公园健身人群的文化程度、家庭状况、收入情况、健康状况等也深深影响着公园健身者的体育参与，体现了健身居民的体育交往价值观念，这些属于体育公园社会环境因素，进而也影响着公园体育文化生态建设。[2]

（二）城市体育公园文化生态平衡问题探讨

我国文化生态学家司马云杰曾详细阐释了文化生态系统中所涉及的因素及各个因素之间的关系。文化生态系统中包含多种因素，有自然环境、科学技术、经

[1] 侯秀兰．地理环境与国际贸易的相关分析 [J]. 科技情报开发与经济，2004, 14（18）：81-82.
[2] 李佳妍．青岛市社区体育文化生态建设影响因素研究 [D]. 济南：山东师范大学，2014.

济体制、社会组织、价值观，当然还有其他因素。而这些因素都是决定文化生态系统平衡或失衡的主要因素，任何一个因素的变化都会影响整个文化生态系统的运作方向。

结合文化生态影响因素分析，体育公园的文化生态平衡问题在于体育公园文化与自然环境之间、与社会环境之间的关系，还包括体育公园各个项目主体之间保持相互交流和物质循环以实现体育公园在文化建设的系统性、整体性。具体而言，当体育公园文化生态系统中某一因素出现了变化或“缺位”时，如价值观的改变、公园健身参与人的减少等都会造成失衡的状态，或是某一因素的功能发生了不协调的变动或公园自然环境的破坏、科学技术的改变等也会造成系统的失衡。下面就目前我国体育公园的文化生态平衡问题进行探讨。

1. 关于体育公园文化发展不平衡问题

体育公园文化发展不平衡表现在文化物种发展的失衡。文化物种发展的失衡导致体育公园内部丧失了相互联系的机会。其不平衡有多种表现，首先表现为物种的单一，现阶段体育公园的建设大多是注重建设各种各样的运动设施，然而这样的建设仅仅只是在复制运动场式的发展。这就和生物界中的生态圈一样，各个项目的发展是相互协调进行的，当其中一项发展处于失衡状态时，对所有的项目同样也是有毁灭性的影响。体育公园中只有几方面的文化物种的发展并不是一个真正多元化的体育公园文化生态。真正的体育公园平衡的文化生态不仅仅需要有满足人们进行体育锻炼的设施，还要强调绿化设计与体育馆及公园设施在艺术形式上的和谐统一，所以应该在生态环境建设、配套服务设施建设等多方面进行考虑。其次，我国体育设施的建设都是在围绕着体育比赛的规格标准进行，并没能真正地服务大众。随着我国大众体育的发展，体育公园的服务对象已从运动员开始转向城市普通民众和体育爱好者，那么公园体育设施的规格标准建设上也要多样化，以满足不同年龄人群健身的需要。体育公园服务对象的转变也标志着其规划建设不能再如之前一样，只是运动设施的堆积，健身居民对健身环境的需求也是其设计规划的重要一环。[1]

[1] 王朵 . 佛山市容桂区文塔体育公园规划设计 [J]. 广东园林，2006（01）：50-54.

2. 关于体育公园文化生态的“污染”问题

我国大部分城市体育公园修建于2000年后，尤其是北京申奥成功以后，各地逐渐开始修建大型的比赛型体育中心。由于盲目的跟风建设，使得很多体育中心并没有考虑大众的需求，而是将很多的竞技体育场地设施规划建设起来，从而导致在没有比赛的时候，很多场地都是空闲的，加上高昂的维护费用，造成了极大的场地资源的浪费，这是初期体育公园文化生态“污染”之现象。城市体育公园应该以满足城市居民的多式样体育需求为原则，针对不同年龄段市民将运动场所较为详细地分为游戏场（满足休闲娱乐需要）、邻里运动场（满足日常健身需要）、地区运动公园（满足运动技能提升与展演需要）、体育运动中心（满足个性运动服务或更高层次体育赛事需要）。在运动项目的设置上，首先要以群众喜爱的运动项目为主题，还要有针对老人、女性和小孩的活动，并在其内容设置上契合居民的接受能力和喜好，从而提高运动项目的丰富度与趣味性。对于每个城市的体育公园来讲，体育项目因地而异，各地区应根据当地人民的运动喜好设置体育项目。

3. 关于体育公园开发管理“整体失效”问题

目前，我国体育公园属于公共基础服务项目，初期多为政府投资建设，其开发管理也是从政府管理而逐渐转为公私合作模式，但是体育公园所特有的公益性和公共性都决定了其开发管理上将面临很多问题。首先是体育公园规划设计问题。规划体系不够完善，将会使得项目开发散而无序和效率低下，在项目实施过程中，大多只是看重当前项目的建设，而忽视了其与整体格局的联系，致使很多项目没能很好地联系起来，造成了整体效应的降低，如空间重复利用率低下，造成公园资源开发不合理，使用效率低的现象。其次，尚未完全理顺的组织管理体系，不仅制约了体育公园综合开发的有序进行，同时更是体育公园持续发展的绊脚石，如经费管理、人员管理等方面不到位，最终造成体育公园人气不足的现象，所以说严密完善的管理体系是事业成功的组织保障。

根据我国市场经济体制发展的规律，体育公园的发展必将会改变现有的经营管理模式而逐步转向与市场经济接轨的模式。公园的价值在于不仅能够改善生态环境，给人们提供健身休闲场所，更有助于提高居民的归属感与凝聚力。此外，人们对于这些柔性价值的认同，通常是一种强有力的催化剂，推动了伴随着保护和创造公共开放空间而来的经济价值。因此，针对体育公园开放与管理模式，美国在城市公园和开放空间的维护和管理策略值得我国借鉴。目前，美国主要有3种不同的管理和发展模式探索，第一种模式是一种比较纯粹的公共部门途径，即城市政府同意提供新的公园，或者是通过方案设计、建筑估价、政府拨款等一系列程序对现存的一些公园进行改造。一旦公园建成，它就归公园管理部门管理。第二种为公私合作模式，即公共部门保留公园的所有权并为之负责，私人部门协同管理公园的发展。建成后的公园属于公共部门管理范围之内，当然私人部门还可以通过不同的募款活动，或者通过特许经营和赞助等方式，提供进一步的资金，继续参与公园的建设发展。第三种模式，可以被称为以市场为导向的公众模式，这是一种比较新也比较有争议的模式。它是依靠公共部门和私人部门之间在公园管理和发展方面长期的合作，利用非营利性质的发展公司，或者是商业改良区这样的机制，来发展公园和开放空间。在这种模式下，很容易让人们产生一种主人翁的责任感，因而这种机制下的管理，必然比公共部门的管理更具有创造性。所有这3种模式，在城市公园和开放空间的发展中，都有着重要的作用。公共途径已经是，而且应该继续是城市公园发展和运作的主要途径。第二种公私合作模式和第三种新的以市场为导向的公众模式，在小规模或中等规模的公园的发展或复兴中都是非常成功的。在更大的公共性目的背景下，公私合作的模式，适用于把私人部门的创新变成公园和开放空间发展的一种契机。[1]

[1] 任晋锋．美国城市公园和开放空间发展策略及其对我国的借鉴 [J]. 中国园林，2003（11）：46-49.

第五章 我国城市体育公园文化生态价值研究

文化生态学理论认为，文化的特征和变迁是环境影响的结果。文化历来就是一定环境下的文化，这里的环境既包括文化创造者所处的自然环境，更为重要的是，它也包括一定的文化物种所赖以生存的社会环境和文化环境。[1] 因此，不同的生态环境不但塑造了不同主题的体育公园文化模式，由此也形成了体育公园系统内多元的文化，体育公园的文化多样性对于体育公园文化生态平衡、体育公园的可持续发展同样具有重要意义。

一、城市体育公园生态环境评价

我们运用使用状况评价（POE）的方式对城市体育公园生态环境进行了评价，它可以作为体育公园建设的导向和规划评判的理论依据，同时还以生态美学观念作为城市体育公园价值标准评判，有助于全面提升人们对城市与城市体育公园空间审美能力。

（一）城市体育公园使用状况评价

1. 使用状况评价的概念

使用状况评价是 20 世纪 60 年代从环境心理学领域发展起来的针对建筑环境评价的研究学科。[2] 这一概念的具体含义是指项目建成的若干年后，以一种规范化、系统化的程式，收集使用者对项目使用的评价数据信息，经过科学分析了解他们对目标项目的评判。[3] 使用状况评价的方法以使用者需求作为起点，从人与环境作用的角度出发，收集使用者对建成环境的需求及对环境做出的主观评价，经过科学全面的分析与总结，了解他们对目标环境的总体评价与满意度。将评价

[1] 来玉英 . 武夷礼俗文化的多元特征及其文化生态价值 [J]. 新余学院学报，2013（18）：6.
[2] 刘娜娜 . 成都市城市公园使用状况评价（POE）研究 [D]. 成都：西南交通大学，2011：26-27.
[3] 潘超 . 西递“徽风”建筑研究 [D]. 合肥：合肥工业大学，2009：33-34.

结果与最初目标进行对比，可分析出使用者对客观环境评价与最初设计目标之间的差距。最后对评价信息和初步结论进行整合，可作为今后城市环境建设参考的依据，以提高设计水平，做到人性化的设计。

2. 体育公园使用状况评价的意义

使用状况评价是从理论到实践，再由实践反馈到理论的循环过程，经过实践的检验，对体育公园环境设计与维护、建筑改造都有具体的指导意义，能够形成良好的反馈机制。其主要意义有以下四个方面。

（1）将对体育公园的评价结果反馈到公园建筑和环境设计中，促进公园设计方法的完善，使之更加科学，更加地符合使用者的需求。

（2）使用状况评价的运用有效地克服体育公园在建设之初设计者思路的限制，减少主观判断带来的问题，通过居民的参与使得设计更加的科学。

（3）使设计程序更加科学化，由“构思—设计—实施”的单一过程，转为“相关评价—借鉴构思—设计—实施—评价”的可循环过程。

（4）居民反馈的意见，使得体育公园设计者可以得到更加有效的数据和使用意见，使得体育公园在设计上更加民主。

这种研究方式是将观察、记录、问卷调查、访问等多种方式相结合，然后对所得到的数据进行整理，最后得到评价分析报告。徐伟伟[1]在《体育公园使用后评估研究初探》中运用因子分析法从原项评价因素中提取并简化为一项公共因子，且计算方差贡献率得出：公园运动及配套服务设施、植物景观、水体景观、园内安全感的重要程度排在前四位。文章从公园设计及公园管理两个角度对杭州城北体育公园的使用状况进行了研究，并对该体育公园提出以下优化措施，以期能够提高公园的设计和管理水平。刘童[2]在《天津水上公园 POE 评价及优化策略研究》中根据使用状况评价理论研究和相关公园使用后评价研究的分析，首先确定天津水上公园满意度一级评价因素集，并根据权重分列为：空间系统、景观系统、设施系统、管理机制；二级评价因素权重结果显示：安全性、活动空间多样性和空间交通可达性这三项在重要度评价中最为重要；改进权重中活动空间多样性、活动空间的可参与性、无障碍设施、设施维护、服务意识、安全性和标识牌的引导

[1] 徐伟伟 . 体育公园使用后评估研究初探 [D]. 杭州：浙江大学 , 2012.
[2] 刘童 . 天津水上公园 POE 评价及优化策略研究 [D]. 哈尔滨：东北农业大学 , 2016.

性这六项因素的改进权重值较大；因此，以上述六项因素作为天津水上公园优化策略的着力点，体现了其研究的实际应用价值。刘娜娜[1]在《成都市城市公园使用状况评价（POE）研究》中也认为，应从使用者的角度去感受和审视设计出来的空间、景观，得出不同的公园使用者的行为特点和心理需求，以及影响城市公园使用状况的主要因素，并以此来指导城市公园空间的规划设计和更新改造，真正达到为人民服务的目的。

综上所述，体育公园在使用过程中，其环境景观优劣直接影响使用人群的感受以及体育功能的发挥；所以，科学的景观评价能够为城市体育公园环境景观规划设计理念和方案的选择提供依据，[2]使用状况评价通过理论到实践，再由实践反馈到理论的循环过程，对于体育公园设计合理性、管理的提升性方面有重要的指导作用，同时也是对体育公园文化生态价值的综合反馈，这种研究模式对体育公园的设计、更新改造及管理具有重要意义；因此，对于城市体育公园生态环境的评价在其建设和运营的过程中就显得尤为重要。

（二）城市体育公园空间生态美学评判

生态美学被视为人类生存的自然基础，是一种以自然环境为表现形式的美。生态美学有活力之美、和谐之美、创造性和参与性特点，关注人与自然之间的协调。[3]

城市体育公园的建设目的就是为了可以将城市居民的体育锻炼与优美自然环境相结合。体育公园是一个有机的整体，其建筑设计、绿化设计、管理规范等都需要进行规划和研究，尤其是这些与其服务的城市居民联系起来的时候，更是要以动态平衡的规则来约束各项之间的和谐。居民锻炼不仅在身体上感到舒服和谐，更在心灵中有此体会，这是对体育公园各项设计的认可。

体育公园的建设是为城市居民服务，体育公园生态美学所倡导的是主体所拥有的主动性、主导性、创造性和能动性。居民可以自主选择到体育公园进行各种各样的体育锻炼或者娱乐活动，拥有极大的主动性和主导性，并且体育公园的建设和维护都是以给居民提供更加优质的服务为目的的，其主体的能动性和创造性也得到了极大的发挥。因此，体育公园内外和谐统一是其生态美学的重要所在。

[1] 刘娜娜 . 成都市城市公园使用状况评价（POE）研究 [D]. 成都：西南交通大学，2011：26-27.
[2] 王誉茜 . 苏南地区 10 个体育公园环境景观评价与优化改善研究 [D]. 南京：南京农业大学，2015.
[3] 钱俊生，余谋昌 . 生态哲学 [M]. 北京：中共中央党校出版社，2004：439-488.

二、城市体育公园文化生态价值层次分析

无论是从使用状况评价方式还是从生态美学观念为核心的标准来对城市体育公园的建设和规划进行评判，其目的都是为了让体育公园从设计与管理方面来满足公园使用者的需求，使运动者在亲近自然的过程中强健体魄、愉悦身心，从而达到公园体育文化与自然、社会和谐共生、协调发展的文化生存状态，进而可以深层次剖析城市体育公园的文化生态价值。

（一）城市体育公园文化生态特征

1. 城市体育公园文化的多样性

一方面，文化多样性能够优化思想境界，促进人的发展，是文化进步的重要动力；另一方面，文化多样性构成一个复杂的文化生态系统。研究证明，复杂的生态系统自我调适能力较强，而简单系统的自我调适能力较弱。[1] 保护多样性是文化发展的一个重要原则。

2. 城市体育公园文化的大众性

公园的项目设置多以大众性的项目为主，辅以当地特色项目，结合受众较多的项目进行建设和发展。世界各地的体育公园都存在这种特征，在中国这个人口大国尤其明显。城市体育公园文化生态鲜明的大众性，决定了其生命力的顽强和持久。

3. 城市体育公园文化生态的科学性

体育公园文化生态强调的是可持续发展的理论与思路，它从运动形式到思想观念，强调的都是人体内部、人与人、人与自然环境的和谐统一，主张通过身体活动促进身心健康，而不是相反。如天人合一、道法自然、身心一体、形与神俱、形劳而不倦、阴阳平衡、刚柔相济、虚实相生等思想观念，生动、深刻地揭示了体育运动与文化生态的和谐本质，闪射出辩证思维的光芒，其合理性、科学性显而易见。

城市体育公园文化的多样性、大众性、科学性三个基本特征，也是城市体育公园文化生态的主要优势，是断定其具有强大的生命力、可持续发展的基本依据和充足理由。

---

[1] 朱以青. 文化生态学语境下的文化多样 [J]. 山东社会科学，2012（9）：38-42.

（二）城市体育公园文化生态价值层次

1. “人与天合”的生态价值

生态价值观从全新的角度认识人与自然的关系，提醒人们应当关注于人与自然的和谐发展。生态体育指的是自然活动的模式，一系列的体育活动在自然环境中按照生物发展的规则，相对于“室内体育活动的形式、封闭的体育活动内容”而言，最突出的特点是接近自然；使人类健康和生态文明在生态体育环境下相互融合。生态体育以人与自然的和谐为基础，以人与社会的和谐为条件，以人与自身的和谐为目标。

（1）古代生态体育的“人与天合”。早在古希腊，人们就开始接近自然，在自然环境中奔跑，以达到良好的健身效果。在中国古代，“人与天合”被视为养生的最高境界。人生活在天地间，与自然环境是一个整体，人的行动坐卧、衣食住行，都应顺应自然环境的变化。

（2）现代生态体育的“人与天合”。大自然是人类的母亲，人类是大自然的孩子，热爱自然与运动是人类的天性，在此过程中，人们接受自然的抚慰，返璞归真，回归自然。城市体育公园是现代人与自然亲近的桥梁，在高楼林立的城市里，水泥马路的纵横中，城市体育公园以其清幽的环境、生命的绿色、开阔的空间，成为城市居民在繁忙的都市生活中放飞心灵、陶冶情操、走进自然的通道，凸显出极高的文化生态价值与生活意义，自然在人们身边又一次获得了新生。开罗的艾资哈尔公园里绿树林立，流水潺潺，如诗如画；白南湖城市中心公园树木茂盛，鸟语花香，森林与人们共舞。这都反映了人们喜爱自然，追求自由，崇尚生命的思想，追求与自然环境融为一体。

（3）体育公园与自然万物的“人与天合”。城市体育公园建设旨在满足人们的休闲、健身等需求，具有维护生物多样性、保护自然景观、保护复杂基因库等重要的生态功能，对推进城市生态环境建设，引导和谐的社区建设，具有十分重要的意义。城市生态体育公园的建设是人们追求自然美和万物皆平等的决心与勇气的体现，实现了天人合一思想的跨越，彰显人与自然、人与体育的本质和深刻的生态价值。

2. “人与人和”的社会价值

（1）乡域体育“人与人和”的社会价值。对健康的追求使更多的居民参与体育文化活动，城市体育公园的体育健身、文化、娱乐、才艺表演、展览、旅游、社区服务网站，可以提供更多的城市绿色空间和独特的区域为居民体育健身和娱乐提供广阔的平台，使参与者认识更多志同道合的人。特别是体育公园里的传统体育项目，不仅是连接族群和地域的物质和精神的纽带，更在长期的社会历史发展中丰富着每个族群的生活，并陶冶着人们的情操。如北方的蒙古族深爱着草原和骏马，因此盛行马背上的运动；南方的许多民族喜爱水，与水感情至深，因此游泳、龙舟等水上运动开展普遍。

在这种环境下，民族传统体育使人们能够形成和加强各地区的感情，这与民族的繁荣紧密相连。可以说，传统体育文化根植于当地人民的血肉之中，形成了一种强大的地方情结，使人们对家乡、民族和地方文化具有普遍的熟悉感和认同感。今天，传统体育在体育公园蓬勃发展，逐渐融入人们的生活。无论是传统体育或其他体育运动形式，一旦形成，就具有一定的稳定性和连续性，逐渐丰富并变化发展，各种运动都有其发展的核心和主题明确的内涵，其形式逐渐多样化、传承连续性，对继承保持区域凝聚力有很大的影响。

（2）社会组织间“人与人和”的社会价值。体育文化的传承与发展离不开人与人之间的合作。体育活动作为人类社会转型、社会进步和友好团结的文化产物，促进了各类社会体育组织的蓬勃发展，如体育社团、体育俱乐部、体育群体等。体育活动的开展和进行离不开当地社会组织的支持和参与，良好的传承更需要他们的存在。如以前的梅州足球、台山排球都有自己的组织体系，每个乡、村都有自己的球队，梅州更有许多其他体育组织，如强民体育会、足球协会；台山有排球协会；佛山有武术协会、精武体育会等社会组织，它们在发展上团结合作，[1]在体育活动上并肩作战，深刻阐述了体育与人、人与人之间的密切关系。

3. “身与心和”个体和谐发展价值

城市体育公园可以促进城市居民的和谐发展，它包含“和谐”和“内外”的思维，不仅是对人与自然和谐的追求，而且还促进了个体的身心发展。总体结构

[1] 龚建林 . 体育文化生态系统的结构与特性 [J]. 体育学刊，2011：40-44.

的体育文化可以比作桃子，物质文化在外面是桃皮；制度文化的外层是桃肉，属于中间；精神文化位于内核，或者是在体育文化的核心。因此，精神文化可以说是体育文化中最重要的部分。健康仍然是运动的核心。人们对健康的理解远远超出了生理范畴。它与生理学、心理学和社会适应相结合，已成为健康的三维视角。

（1）内外合一的发展价值。当今城市，人们生活节奏快，工作压力大，为了生计忙于拼搏，因此不论是身体健康还是心理健康都受到严重威胁。到城市体育公园进行休闲体育锻炼，能提高人体中枢神经系统的工作能力，能改善人体内脏器官的机能，能促进生长发育、提高身体运动能力等；在深层次上，能够使人身体放松，心情愉悦，修身养性。

（2）人体与自然的相映意义。中国传统体育文化蕴含着“人与自然和谐”的理念。它提倡人们回归自然，拥抱自然，寻求自然的放松，从而达到“自然与人的身心和谐”的最高境界。城市体育公园，从规划设计，景观布局，都体现了“天人合一”的原则。其花卉、树木、湖泊、渡槽、场地、设备、设施、自然环境一体化，体现了动态与静态相结合的概念。在这种环境下，人们会感受到和谐、舒适的生活氛围。远离喧嚣的城市，我们不断地理解中国传统文化带来的人性思考哲学，让精神放松和洗礼，这有利于城市居民身心的和谐发展，建立良好的人际氛围。

（三）城市体育公园文化生态的未来愿景

文化的发展需要历史继承，需要与时俱进，也需要放眼未来，当前的世界体育文化被西方体育所引导和主宰，以奥林匹克为代表的国际体育文化事项也以高昂的姿态引领全球体育文化的发展。从文化生态的角度而言，但凡“一家独大”现象存在，就不能称之为好的、平衡的、稳定的生态，毕竟文化多样性是文化生态的重要前提和基础，是文化生态发展的重要动力。展望未来，中国体育文化生态势必伴随中国的复兴和崛起而呈现“百花齐放”的样貌。

1. 中国体育文化将逐渐成为体育公园文化重点

纵向梳理中国体育的发展史不难看出，近代以前的千百年来，中国体育文化生态始终以传统体育文化为基本范畴，其间虽然伴随各种部族战争或冲突出现过民族文化的交流，但最终都在“兼容并包”的中国传统文化的框架内逐步走向融合，形成了各种具有中国传统文化特色和底蕴的传统体育文化。中国传统文化的稳步传承和延续，为中国体育文化提供了稳定的文化生态，中国体育文化生态也总体稳定平衡。然而，近代西方文化的输入使中国体育文化生态发生转向，西方体育文化裹挟着迥异于中国传统体育文化的价值观和精神追求在中国大地蔓延生根，打破了中国体育文化生态原来的那份宁静，出现了“龙虎相争”的对垒博弈和“鹊巢鸠占”的二元结构。从短期来看，中国体育文化生态的这种失衡将维持一段时期。

随着全球化的到来，世界范围内的文化交流已非常普遍，现代中国文化也将在文化全球化进程中合理定位、彰显个性、展现风采。在此背景和形势下，中国体育文化生态将突破原有的“二元结构”的失衡状况。中国传统体育文化、西方体育文化以及其他类型的体育文化将向着“多元共存、互相吸纳、和谐共生”的方向发展，中国传统体育文化将以其“人文关怀”的优势和“崇尚人与自然和谐、追求天人合一、主张顺应自然”的品格为体育文化注入新的精神内涵。可以预见，西方竞技体育所倡导的“超越自我、超越自然、超越极限”的竞争精神将不断融入“人文精神”，在与其他体育文化类型交流融合的过程中逐步祛除各种“异化”现象，最终回归至“人的全面发展”这一点；而中国传统体育文化也将不断吸取和融入其他体育文化类型的可取之处，最终在本源层面与西方体育文化等其他体育文化相融合，各类体育文化都能“各美其美，美美与共”，中国体育文化生态和世界体育文化生态都将逐步实现本源回归。

2. 城市体育公园文化生态将恢复平衡

体育的产生是一种历史的必然，是人类社会所特有的文化事项。体育文化为人类所共同创造和共有，每一种体育文化的起源、产生、演变和发展都有与其相适应的环境和基础，并且在长期的传承和演化中形成了独有的个性和共同的属性；但是，不论何种类型的体育文化，其产生和存在的本原基础乃“人的需要”。体育和体育文化因人的存在而存在，因人的需要而延续和发展，体育和体育文化表现形式的变化始终与人类所推动的社会变革同步。

从长远来看，中国体育文化生态终将复归平衡，在中国地域范围内生存和生活的人，始终受生命力和融合力强大的中国传统文化影响。尤其是近年来随着中国国际地位的不断提升，中国传统文化不断走出国门，在世界范围内的影响力不断提高，在中国传统文化中孕育而生的传统体育文化也渐渐显现出在满足人本身需要方面的优势，与西方体育文化所倡导的“竞争、超越自然、追求极限”形成鲜明对比，尤其是竞技体育领域中的各种“异化”现象，引发了人们对体育本质的反思。体育存在的意义在于促进人的全面发展，这也是“人文体育”的基本内涵。立足当下，放眼未来，《体育发展“十三五”规划》指出，要充分挖掘体育的多元价值，结合国家文化发展战略，传承和推广优秀中华民族传统体育项目，推动中华体育文化走向世界。鉴于此，体育文化生态将伴随多种形式的体育文化交流和多元共融而逐步回归平衡状态。

三、体育公园对城市文化生态建设的促进作用

（一）保护自然生态，美化城市家园

城市化的加速已经成为一个世界性的问题。它带来的环境问题也不容忽视，雾霾、沙尘暴等极端恶劣天气，“热岛”效应及严重的空气污染已经影响到了城市居民的身体健康，城市居民逐渐认识到城市生态环境保护的重要性。城市体育公园的建设已成为城市生态景观系统的重要组成部分。城市体育公园的建设将为城市带来新的动力，它既可以成为城市的“绿肺”，起到净化空气、降低城市温度等作用，同时也是人们健身的好去处。在车水马龙的都市中，城市体育公园不断地为城市提供新鲜空气，为城市的生态平衡提供重要帮助。它有改善环境质量、美化城市和调节城市发展环境等效益。城市体育公园的建设可以提高城市的生物多样性，丰富自然生态景观，促进城市生态环境的建设。与此同时，在社会生活方面，城市体育公园为城市居民提供体育休闲、体育娱乐、医疗保健等场所。此外，城市体育公园在科学研究、科普教育、体育文化等方面也发挥着重要作用，所以一个个城市体育公园都成为这座城市的“绿色与健康发动机”。[1]

（二）优化产业结构，促进城市经济增长

城市体育公园为城市的发展带来重要的经济和社会效益。集体育、文化娱乐、

[1] 宋宝婵．城市生态体育公园的建立对居民和谐生活的影响与促进研究 [J]. 内江科技，2012：33-34.

会展、艺术欣赏、旅游、社区服务为一体的城市体育公园，吸引着越来越多的市民前来进行体育健身与旅游度假，自然也拉动了居民的休闲体育消费。并且居民在公园进行休闲体育消费时，还能带动如健身服务、器材服务、体育旅游等相关联产业需求的增长，有利于城市经济的发展。此外，城市体育公园通过改善城市的生态环境，提高城市品质和形象，从而促进城市的招商引资，提高消费水平及公共服务价值。城市体育公园能够促进周边土地和房产价值的增值以及城市休闲旅游业的发展等，促进城市经济产业结构合理化，提高第三产业在产业中的发展比重，最终有利于 GDP 稳步增长。

（三）改善生存环境，提高居民生活质量

城市居民基本生存需求得到满足之后，人们对健康生活方式的追求也越来越理性，对生活质量的要求越来越看重。但是面临着工业文明的高速发展和生态文明观念深入人心的矛盾，如何提升城市居民生活质量成为困扰我们发展的主要问题。城市居民梦想的锻炼场所都是空气清新、环境优美的地方，城市体育公园成为人们的最佳选择，在这种环境中，锻炼人群自身会受到启发，从而使人们在更加和谐的环境下进行交流，在和谐融洽的氛围中，在远离城市的喧嚣下，使人们充分展示其个性，发展人性，愉悦身心，使精神得到一次次放松与洗礼，从而促进了城市居民身心和谐发展以及良好人际氛围的建立。所以，我国居民在整体健康意识自觉提升的大众健身时代，已经认识到体育锻炼对健康的积极影响作用；人们开始走出家门参与到健身队伍中，生态体育公园成为了人们锻炼的首选场所。

（四）树立生态观念，促进居民身心和谐发展

城市体育公园的建设不仅对城市的生态发展有重要的作用，也为城市居民带来了更加舒适的健身场所和生态观念，极大地满足了城市居民对健康生活方式的追求。现在人们谈及健康不仅仅指生理健康，更是指将生理健康与心理健康、道德健康及社会适应能力相结合的“四维一体健康”观念。城市生活节奏的加快、生活压力的增加，使人们为了生存而疲于奔命，这也严重影响了城市居民的身体健康。中国古代就倡导整体观念和“天人合一”的思想，阴阳八卦、五行互补、人生于自然而回归自然的思想更是深入人心，追求人与自然的和谐是生态文明的

重要表现。城市体育公园的设计思路同中国古代思想不谋而合，其景观设计、环境建设、湖泊水渠修建、体育场馆、健身器材的安置都要处处体现相应相融的理念。在这样的环境中锻炼，城市居民的身心发展才会更加和谐，人们自然而然、由内而外地有新的感悟，才能充分展示自己的个性，发挥无穷的潜力。人们往往在这样的环境中更容易认清自己和他人。城市体育公园的建设将更有利于城市居民身心和谐发展，以及帮助城市居民建立更好的人际关系。

第六章　我国城市体育公园生态实践篇

当前我国城市化进程越来越快，但是在大规模的建设中，凸显的生态问题越来越严重，已经到了不得不重视的程度。对于现代城市而言，城市体育公园相当于城市中的“绿肺”，公园的生态实践就是积极地促进这种生态价值的人为生成，最终促使人、社会与自然走向统一的生态共同体。本章通过对上海、浙江、珠海等地区的体育公园生态实践案例进行分析，以便更好地总结经验，指导我国城市体育公园文化生态建设与发展。

一、上海九子体育公园实践案例

（一）公园基本概括

滨临苏州河、靠近成都北路的地方，有一座别开生面、别具一格的主题公园（图6-1、图6-2），公园里没有亭台楼阁与小桥流水，更不见小舟荡漾的浪漫情趣。但却有上海其他公园所没有的特色：专门介绍上海弄堂里的孩童游戏，乐趣无尽，让众多纷至沓来的游客，情不自禁地重温稚童时曾玩过的弄堂游戏，仿佛穿越时空又回到了童年。这个主题公园就是九子公园。

图 6-1 九子公园 1

图 6-2 九子公园 2

九子公园取名“九子”，因其内设过去上海孩子常玩的掼结子（掼沙包）、抽陀子（抽贱骨头）、跳筋子（跳橡皮筋）、滚轮子（滚铁圈）、打弹子、套圈子（套圈圈）、顶核子（顶橄榄核）、扯铃子（扯扯铃）、造房子 9 种民俗游戏项目。公园占地面积 7700m^2，绿地面积 4778m^2，区政府总投资 700 万元。整个工程建设于 2005 年 11 月开工，2006 年 1 月 22 日竣工开园，历时 77 天。九子公园被定位为以 9 种老式传统弄堂游戏为主题的公园。

（二）历史文化背景

“两千年历史看西安，一千年历史看北京，一百年历史看上海。”上海在短短一百年的时间迅速崛起，在中国城市发展史上可谓奇迹。历史文化名城以其深厚的文化积淀和人力资源为主题公园的开发提供了资源依托，是主题公园可持续发展的必要因素。上海体育公园的出现与上海深厚的文化底蕴是分不开的。苏州河畔的九子公园，那充满清新的生态园林文化与隐隐散发的民间艺术文化气韵，使人不得不对上海历史文化的惊叹与追忆。

九子公园建在老上海弄堂旧住宅区，位于南京东路街道，人口密度大，公共空间狭窄。

1. 弄堂文化来历

提起弄堂游戏不得不先说一下“弄堂”。弄堂的历史可以追溯到 20 世纪，第一次鸦片战争后，上海被辟为“通商口岸”，外国人被允许在此居住、经商，但“外人不得架造房舍租与华人”。1853 年的小刀会起义，改变了这一局面。租界内，外商从事房地产经营“合法”。与此同时，太平天国起义迫使江浙一带大量地主、乡绅、富商、官僚纷纷携眷涌入上海租界寻求庇护。大量华人进入租界后，极大地刺激了租界内房地产经营活动。最初建造的这类专供向租界内华人出租的房屋，都是木板结构。这种出租木板房屋一般采用联排式总体布局，并起“某某里”为其名称，这是后来上海弄堂的雏形。早期简易的木板房在 1870 年以后完全被一种新形的住宅——石库门里弄所代替。从此，弄堂住宅开始正式走上上海城市建设的舞台，并扮演了越来越重要的角色。弄堂是上海特有的民居形式，与千千万万上海居民密不可分。弄堂，构成了近代上海地方文化的重要组成部分。它最能代表近代上海城市文化的特征，它也是近代上海历史最直接的产物。

2. 弄堂里的游戏

弄堂是上海的小孩子们嬉戏玩耍、从事各种游戏活动的主要场所。生活在19世纪中叶至20世纪后期的上海人，在童年时代几乎都有与弄堂中的小朋友一起玩游戏的经历。男孩子们玩的大多是一些较为粗犷的游戏，如打弹子、顶橄榄核、刮香烟牌子、滚铁环、扯响铃等；而女孩子们玩的则大多是一些较为细腻文雅的游戏，如跳橡皮筋、造房子、踢毽子、挑绷绷等。但是，随着家庭住房条件的改善和家庭娱乐活动的发展，现在弄堂中做游戏的孩子已经越来越少了，延续百年以上的上海弄堂游戏习俗也正在逐渐走向衰落，这是上海人的生活方式不断走向都市化、现代化过程中所出现的必然结果。

（三）文化布局与发展特色

1. 文化生态布局

（1）“一分为二”的生态布局。“九子公园”以一条宽敞的“九子大道”横跨公园内部，将九子游戏活动场地、九子雕塑和公园绿色空间环境分为东西两半，9种民间体育游戏分布在大道两侧，成为公园独特的民俗文化风景（图6-3、图6-4）。

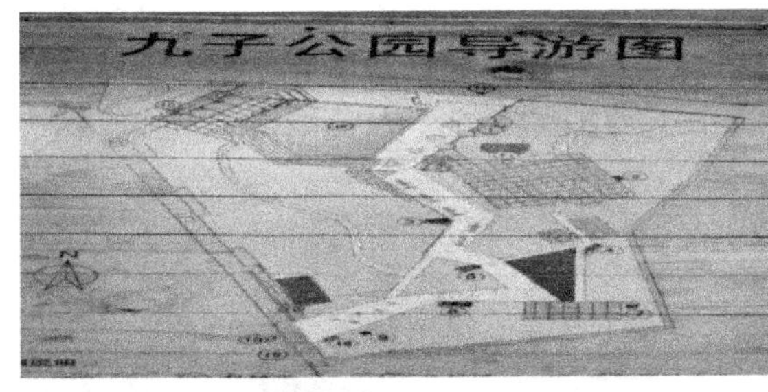

图6-3 九子公园3

图6-4 九子公园4

（2）文化雕塑与文化墙的合理布局。公园里展示着弄堂记忆里的古老九子游戏，分别由九座儿童雕塑及活动场地组成，这些儿童雕塑创造了良好视觉记忆，勾起人们对儿时的回忆，使来过公园的游人都难以忘怀。小孩玩的游戏道具是用花岗岩做成的，如抽陀子游戏中用的陀螺、套圈子游戏中被套的小物品、掼结子游戏中的石台等。（图6-5、图6-6）

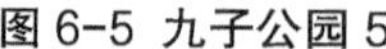

图 6-5 九子公园 5

图 6-6 九子公园 6

为了帮助人们重温历史，园内“九子”雕塑在设计时充分考虑了体育锻炼和民间文化之间的有机组合，力求让老游戏重焕青春，让过去的民间文化不再成为记忆。在公园外墙上悬挂着 9 幅《弄堂里的记忆》不锈钢丝网画，栩栩如生地记录并介绍了上海的近代地缘历史文化风情。在公园内墙上悬挂着九子游戏的宣传画和游戏介绍，为公园又增添了几许民俗气息。（图 6-7、图 6-8）

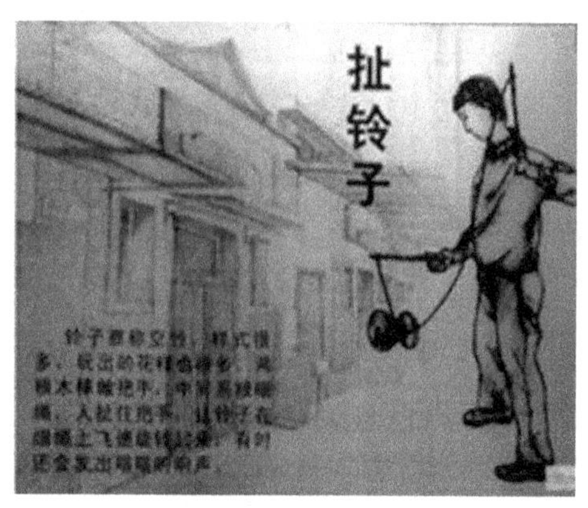

图 6-7 九子公园 7

图 6-8 九子公园 8

九子公园还注重自然生态环境建造，公园的植物造景顺应季节变换。营造春景的树种有山茶、红叶李、春鹃、红花继木、石楠、日本早樱、垂丝海棠、结香等。营造秋季植物景观的树种有桂花、银杏、无患子、水杉、池杉、红花槭等，为公园带来无限绿色，使人心情舒畅。此外，公园还运用了树篱分隔空间，使公园空间变化丰富，营造出多元化空间。公园内以乔木大树为主的绿地为高楼林立的世界增添了一抹绿色，在吵闹中保留一分安宁。春景和秋色彰显着人与自然的和谐，青色的草地软软的，使人有一种席地而坐的冲动，浓郁的花香引人驻足观赏，清幽的小路让人忍不住携家踏足，“九子”的笑容无忧无虑，引起人们一起玩耍的冲动，宽阔干净的活动场地使人忍不住露两手。轻松愉悦的休闲运动成为小公园的主旋律，使人远离城市的喧闹，享受自然的宁静，再品味一下儿时的民间文化，心也一下子年轻了许多。九子公园以它独有的魅力展示着自己的风采，传递着民族的风情，展示着运动的魔力。

2. 九子体育公园发展特色

（1）以民间传统体育游戏为公园文化特色。

以上海 9 种老式弄堂民间传统体育游戏为主题的九子公园首创了民间传统体育游戏同休闲绿地相结合的公园形式，经过不断发展，在各方面已趋于成熟。精湛的设计规划把公园合理分成极具特色的 9 个部分，每个部分里都蕴含着“一子”，配上周边生态环境衬托，使来此游玩的人络绎不绝、流连忘返。

九子公园在民间体育文化传承与保护上的作用发挥越来越大，它是民间传统文化与公园的结合体。公园的每种游戏都有自己独特的风格与功能，就像是一道道美味的菜肴，散发着浓浓的香味，吸引着人们。这些游戏在 20 世纪陪伴着一代代人长大，但现在却正渐渐淡出人们的视线。“九子公园”的概念首创者、南京东路街道承兴居委会主任洪克敏说，为了帮助人们重温历史，园内“九子”雕塑在设计过程中，还充分考虑到体育锻炼和文化传承间的特殊组合，力求让人们在健身的同时，把这些民间文化传承下去。比如，在“造房子”的游戏设计中，园方特别借用了“承兴里”小区内 5 种不同风格的民居建筑为背景，形象生动。

九子公园在健身项目设置上，以源于民间的 9 种老上海弄堂游戏为基础，简单、易行，内容丰富，生动活泼，不仅能锻炼身体，寓教于乐，而且能陶冶情操，怡情宜人，尤其有利于培养儿童生活、交往、竞争、合作、创新能力，还起到健身益智的效果。在参与人群上，九子游戏深得老年人和儿童的喜爱，对老年人来说，是珍藏版的温暖回忆，为他们的记忆涂上了一层明亮的底色，滋养了他们的心灵；对小朋友来说，则是有趣的“新奇玩意”，爱不释手。在锻炼环境上，以“承兴里”五种不同风格的居民建筑为背景，配上红花绿树，不仅形象生动，而且生机勃勃，惟妙惟肖的九子游戏宣传画使整个公园弥漫着浓郁的民间体育文化气息。

（2）以绿色生态为活动背景。上海九子公园合理的园林规划设计使公园别具一格，清幽的九子大道、串联的九子游戏、多元的绿色空间、异样的春秋两色、绽放的幽香花朵、休憩的木制长凳等都体现了简单实用的园林设计，既不显单调又不失繁华，既含有民俗风味又不缺现代气韵。九子公园绿色空间的建造充满生机与活力，给人以舒心宁静之感。

（四）“九子公园”发展启示

1. 融合民间传统体育，突出地域文化特色

特色民间体育文化主题是九子公园发展的核心，更是九子体育公园生命力之所在。每一座公园都应有自己的特色主题，这样才能更好地吸引人们来此游玩，才更有利于体育公园发展。九子公园的运动项目简单但令人愉悦，它们古老但充满智慧，它们简单却意义非凡。在西方体育串流的今天，它们在九子公园撑起一片天，向人们传送浓浓的情意。民间体育文化主题思想是整个九子公园建设的中心，无论是墙体设计、羊肠小路、花草树木还是游戏项目都是围绕着民间体育文化主题思想服务和建设的，从整体上营造出一种民间特色文化氛围，使其成为我国民间传统文化主题公园的代表。

2. 和社区体育公园结合，突出便民型发展

社区体育公园体育锻炼功能的加强，既满足了群众体育锻炼的需求，又提高了公园的利用率。[1] 九子公园作为城市中的大型绿化空间，公园环境好，有一定的空间容量，又靠近居民集中的生活小区，将民间传统文化与社区体育公园结合发展，是城市居民理想的体育锻炼场所，是便民型社区体育公园。

3. 以民间传统体育公园为载体，促进城市生态发展

城市体育公园不仅是城市建设的一个重要组成部分，更引领着城市生态文明建设的方向，是体现城市品位和人居环境的一个标志。随着全民健身广泛的深入开展，人们的锻炼项目不再仅限于现代竞技类体育项目，民间的传统体育项目也逐渐受到人们的喜爱，隐约出现民间传统体育、自然生态环境与现代体育公园相

---

[1] 洪涛，赵伟韬，吕研，等．基于老年人生理与心理的城市公园规划设计 [J]. 北方园艺，2008,（1）：170 － 171.

结合的趋势。民间传统体育文化蕴含着浓浓的地方风情，九子公园就是以民间传统体育项目为载体，其内容丰富，形式多样，而且老少皆宜。与自然生态环境相结合的民间传统体育公园的出现促进了城市生态文化建设。民间传统体育公园在我国体育公园中独树一帜，在新时代背景下具有独特的发展潜质。所以，政府应大力支持民间传统体育走进体育公园，为民间传统体育公园的发展提供便利。

二、上海闵行体育公园生态实践案例

（一）基本情况

上海闵行体育公园（图 6-9）从 2001 年开始建设，2004 年建成开始运营，其位于上海市闵行区，环西大道西面、农南路南面。公园属于服务型综合公园，占地 84hm^2，具有多处游玩场地和体育设施，并且有足够多的绿地面积。公园所在地原先是建筑垃圾的堆积场，而后为了改善该地区环境质量，共耗资 5.7 亿元将其改建成为公园。公园内建设有室外足球场、室内羽毛球场、乒乓球场等多项运动场地设施；同时还有小型高尔夫场地、儿童游乐场地、游艇等多项游乐场地设施，另外，闵行区的体育馆位于其内。这是上海第一个大型城市主题公园，公园突出体育的主题特色，将运动休闲融于景观之中，其设施不仅限于满足居民锻炼需求，各个场地更是居民休闲游玩的好去处。

图 6-9　上海闵行体育公园

（二）发展现状

从 2004 年建成至今，闵行体育公园已经发展成为供居民锻炼健身、休闲旅游的重要地点，已经成为附近居民锻炼健身的首要场所，每天下午是居民锻炼的高峰期。室外的篮球场供居民免费使用；收费项目有室外足球场（图 6-10）和室内场地，如羽毛球场（图 6-11）、乒乓球场、游泳馆（图 6-12）、保龄球场等。在调查期间发现，多数的场地是人满为患，尤其是在星期天，仅有少数几个项目进行锻炼的居民较少。由于闵行体育公园环境建设很好，所以每逢节假日到这里进行游玩的居民比锻炼居民还多，这也是其能成为闵行区“体育 +”旅游景点的重要原因。

图 6-10 上海闵行体育公园足球场

图 6-11 上海闵行体育公园羽毛球馆

图 6-12 上海闵行公园游泳馆

（三）上海闵行体育公园发展优势分析

1. 公园定位鲜明

闵行体育公园将本身定位成以运动锻炼为特色的供居民游玩的休闲公园，该公园运动场地设施齐全，拥有大量的草坪、树木等绿化设施。在解决居民运动健身场地不足的问题上，更是为居民提供了休闲游玩的场所，使居民可以更舒适地进行健身，其优美的环境、多种多样的项目设施也吸引了极多的居民到此游玩。

2. 交通位置便利

途经闵行体育公园的公交线路有：763 路、753 路、七宝 1 号等，而且其周围又有多个小区，包括东方花园、莲浦府邸、水景书香园等，居民到公园进行锻炼十分方便。实地调查之后发现到该公园进行锻炼的人群多为附近小区的居民，而游玩的人群则是很多其他区的居民。

上海闵行体育公园是一座面向全市居民开放的市级体育公园。公园不仅包含了体育活动区、自然休闲区、生态健身区三大功能分区，同时公园内还设有老百姓喜闻乐见的传统运动项目及山坡长滑道、游艇、垂钓、迷你高尔夫球场等现代体育运动设施，可以吸引不同年龄层的人前来游玩和运动。所以，上海闵行体育公园在选址、地形设计方面，以及设置服务半径、到达时间、人均公园占地面积等方面满足了居民的需求，符合亲民、便民原则；但是我们也看到，由于采用的设计手法基本上沿用了普通城市公园的做法，园林景观效果较弱，尤其在运动区域的特色景观营造方面有待改进。

三、浙江城市体育公园生态实践案例

浙江省目前所建成的以“体育公园”命名的建筑项目有 14 个，而其建筑规模基本符合要求的只有 8 个，分别是杭州城北体育公园、湖州吴兴区八里店农民体育公园、舟山海洋体育文化公园、诸暨市体育公园、绍兴大滩水上体育公园、上虞滨江体育公园、嘉兴枫桥体育公园、万科绿轴体育公园。其中，杭州城北体育公园是浙江省城市体育公园中建成较早、发展较好的一个，建成之后逐渐的成为杭州市下城区居民重要的健身锻炼场所，特有的室内门球场更是聚集了很多的门球爱好者在其中进行运动交流。

（一）杭州城北体育公园

1. 基本情况

杭州城北体育公园（图 6-13）于 2010 年 5 月建成并开始运营，公园位于杭州市下城区绍兴路以北、白石路以西，投资 4.5 亿元，总面积为 45.73hm^2，园内一切设施建设都符合国际化标准。公园毗邻上塘河风景区，自然环境优美，植被丰富，园内有小湖、草坪、小孩喜欢玩的沙地，还有 3 座体育场馆，分别是门球馆、游泳馆和小型综合体育馆，公园建设的项目设施有门球馆、游泳馆、羽毛球馆、网球场、篮球场、健身跑道、健身馆等，还有茶楼等休闲场所。这是杭州市最大的集体育、娱乐、生态休闲于一体的体育公园，开创了国内全民健身与休闲观光功能相结合的先例。公园内的健身设施齐全，满足了不同居民的锻炼需求，同时其绿化和湿地的建设也为人们健身活动提供了优美的环境，这里不仅是市民健身的中心，更是城市的生态胜地。

图 6-13　杭州城北体育公园风景

2. 发展现状

杭州城北体育公园建成运营至今，深受居民的欢迎，附近的居民都选择到体育公园内进行休闲和健身，较远的居民也在节假日到体育公园游玩。公园内场地设施分为收费和免费两种，收费的项目有：游泳、网球、羽毛球三项。室内门球馆两块场地都免费提供给居民进行锻炼；羽毛球馆晚间经常是人满为患；门球馆开放时间大多数是在白天；网球场地是室外的，夏天锻炼的市民多选择在下午和晚上使用；跑道是在公园内围绕网球场铺建，跑道最大的特点是与绿地相结合，被草坪和绿色植物包围，让慢跑的人们有种置身丛林的感觉，不易感觉枯燥和视觉疲劳。（图 6-14~ 图 6-17）

图 6-14　杭州城北体育公园健身跑道

图 6-15　室外篮球场

图 6-16 室外足球场

图 6-17 杭州城北体育公园网球场

3. 杭州城北体育公园设计与管理经验

（1）比较合理的项目设置。公园对于运动项目的选择是其能够得以持续发展的重要原因。门球是针对中老年人的项目，中国社会老龄化的加快的现状，使得老年人的健身成为是今后中国所面临的重要问题，而城北体育公园首先看到了这点并加以重视。游泳和羽毛球这两个项目在浙江很受欢迎，在公园内兴建这两种运动场所完全符合居民健身的需求。

（2）地理位置的选择。城北体育公园位于拱墅区和下城区交界处，而且占地面积大，西临上塘河，东临白石路，附近有三塘居住区、大关居住区、拱宸桥东居住区等小区，附近的居民多到此进行锻炼；而且这一地区交通便利，有 46 路、

12路、22路等8趟公交线路经过此地，方便居民节假日到此进行锻炼。根据实地的走访调查发现，该区域除城北体育公园外，只有一个小型的绿化公园可供居民散步，并无其他锻炼场所。

（3）经营管理方式。城北体育公园在建成之后采取的并不是一味地免费开放政策，而是在开放的基础上对一些项目进行收费经营，这样既保证了公园在一定程度上可以有一些收入用以维持正常的维护，同时又可以在一定程度上限制到体育公园进行锻炼的人数，减少对场地器材过度使用导致的破坏。

（二）绍兴大滩水上体育公园

1. 基本情况

绍兴市大滩水上体育公园于2009年7月建成并运营，位于镜湖新区大滩西南侧，三面环水，环境优美。大滩水上公园占地26000m^2，周边水域面积25000m^2，设有游泳池、戏水池、沙滩排球场、沙滩足球场、篮球场、乒乓球场等多个体育健身场所，除了水上运动，公园里一块8000m^{2}的人造沙滩也别有情趣。这片用石英沙堆成的白色沙滩，沙质细滑，颗粒均匀，被喻为“水岸银滩”，是开展沙滩球类运动理想场所，人们在这里可以尽情享受沙滩运动的乐趣。这片人造沙滩是按照沙滩排球的国际标准建造的，可以承办沙滩排球赛事。兴建大滩水上体育公园的目的是为给绍兴居民提供休闲运动的场所，尤其是比较新颖的水上体育公园更是增添了居民休闲的去处，这里被绍兴居民誉为“黄金水岸”。

2. 发展现状

大滩水上体育公园从建成之后就施行委托经营，当年就以120多万元的费用将经营权进行承包，但是在仅仅三年之后却变得一片荒芜。网络上有一篇2013年3月对大滩水上体育公园的报道：乒乓球台已经荒废，落叶堆满了场地，已经不再是可以进行锻炼的场所。乒乓球场地不远的一处草地中堆满了垃圾。记者报道称，有行船师傅说曾经有建筑工人往河里倒泥浆水。“水岸银滩”本来是给居民进行沙滩足球、沙滩排球的场地，许久没有居民锻炼已经长满了杂草。

图6-18、图6-19是2014年10月调查时拍摄的，由于调查的时间是10月，天气比较寒冷，水上项目已经没有人参与，现在水上设施仅仅是以进行暑期游泳培训为主，为居民提供游泳健身场地为辅，在夏季以外的其他季节基本上没有居

民到此进行锻炼。

图 6-18　绍兴大滩水上体育公园乒乓球场

图 6-19　绍兴大滩水上体育公园收费标准

3. 绍兴大滩水上体育公园发展不利因素分析

第一，免费开放的项目过少且设计不合理。园中沙滩、游泳池是收费的项目，完全免费开放的场地设施仅仅是外面的乒乓球、羽毛球等场地，但是乒乓球、羽毛球等运动并不适合在室外进行，尤其是在风比较大的江边，这些运动场所无人光顾，导致设施陈旧破损也无人问津。该公园游泳馆的收费标准是白天 15 元 / 场、晚上 18 元 / 场；这样的价格在体育公园的项目收费上并不算高，但是局限于项目原因，其营业周期比较短，仅仅是夏季才会有居民来游泳。

第二，交通、地理位置原因。该体育公园的位置虽然比较好，但是交通并不是特别便利，从最近的公交车站下车到公园还要走1000多米的路程，公园附近并没有很多的住宅小区，离最近的住宅区都有将近2000米的距离，而正在修建的属于别墅类的小区，并没有特别多的居民，人气聚集较难。在对绍兴市民的询问中可以了解到，知道大滩水上体育公园的市民并不是很多，其宣传推广的力度明显不够，甚至连快递员都不是特别了解其具体的地理位置。

第三，运动设施不完善。进行室外游泳设施建设时就应该想到在冬天会有很长的闭馆期，如果没有室内的游泳馆或其他运动项目的引入，会导致冬天没有居民到这里进行锻炼。公园在其他的项目选择上并不合理，篮球场、排球场等仅仅都只有一块，并不能吸引到很多的居民到公园来健身。另外，设施管理维修、卫生状况等都是不利的影响因素。

绍兴市大滩水上体育公园是绍兴市政府十大重点工程之一，是打造市区5分钟健身圈的重要组成部分，其建成和投运应做到有效改变绍兴市区游泳场馆不足的现状，极大限度地满足普通市民各类水上运动的健身需求，同时也有利于提升绍兴休闲旅游产业的整体档次和品位。希望公园尽快弥补设施与管理维护方面的不足，开启绍兴水上运动的新时代。

（三）温州城市体育公园建设与发展

温州是浙江省三大中心城市之一，拥有912.12万人口（资料来源：温州市第六次人口普查数据），但拥有的公共体育场所设施比较有限，而各类学校的运动场所一般也不对外开放。据统计，该市学校场地共2305个，但不开放的场地就有1865个，占学校场地总数的81%；现有的游泳馆、羽毛球馆、健身馆等，大多属于经营性场所，价格不菲。体育场地稀缺，大大抑制了人们参加体育活动的热情。建设城市体育公园是推进温州城市生态建设的重要举措，温州生态环境的最大优势和特色就是山水兼备；因此，温州的体育公园建设要依托丰富的山水资源优势来发展。

1. 温州城市体育公园的生态规划布局

根据温州社会经济发展水平，合理配置各级公共体育设施，加强公共体育设施建设，完善全民健身服务保障体系；围绕提高竞技水平、推动全民健身、发展体育产业三大任务，力争2020年把温州市建成省级体育强市。

（1）温州城市公共体育设施人均用地指标预测考察分析。目前，温州城区存在居民日常体育锻炼需求旺盛与城市用地紧张、绿地不足、体育设施短缺的矛盾。由表 6-1 可知：①市域人口规模增长较快。2012 年市域常住人口规模为 861 万人，2020 年市域常住人口规模为 978 万人。②中心城市人口规模较大。2012 年常住人口为 225 万人，2020 年达到 260 万人。③中心城市公共体育设施人均用地面积有所增加。2012 年公共体育设施人均用地面积达到 0.9 ㎡，达到国家标准下限水平；2020 年公共体育设施人均用地面积为 1.2 ㎡，将达到国家标准中限水平。

表 6-1 中心城市公共体育设施人均用地指标一览表

分区	2007 年现状		现状用地（hm^2）	现状人均用地指标（m^2）	2012 年人均用地指标（m^2）	2020 年人均用地指标（m^2）
	户籍人口（万人）	常住人口（万人）				
鹿城区	69	78	97.3	1.25	1.35	1.5
瓯海	41	45	10.3	0.23	0.6	0.9
龙湾	32	40	9.91	0.25	1	1.8
三区	142	160	117.5	0.73	1.08	1.27
瓯北片	13	13	0.43	0.03	0.15	0.3
七里片	12	12	0.28	0.02	0.5	0.7
洞头县	12.59	13	1	0.08	0.3	0.6
中心城市	180	198	119.2	0.60	0.9	1.2

注：引用温州市城市公共体育设施布局专项规划（2011—2020 年）。

（2）体育设施用地规模预测考察分析。

温州市域 2012 年体育设施用地规模约为 $1291hm^2$，2020 年体育设施用地规模约为 $2053hm^2$。温州中心城市 2012 年体育设施用地规模约为 $562hm^2$，2020 年体育设施用地规模约为 $780hm^2$。其中，中心城市共需增加公共体育设施用地规模为 $192.8hm^2$，2008 年到 2012 年需要增加 $83.3hm^2$，2013 年到 2020 年需要增加 $109.5hm^2$。

（3）温州特色体育项目及大众健身休闲产业发展生态考察分析。

为广泛开展群众基础好、地域特色浓的全民健身活动，吸引更多的城乡居民参与其中，中心城市各片区应该发挥自身体育特长，突出特色。由表 6-2 可看到温州依托竞技体育优势项目，在着重发展游泳、体操、射击等优势竞技项目基础上，充分发挥本市山水优势资源，大力发展大众休闲体育，利用其本身海岛城镇的特色，着重发展水上体育项目，如沙滩排球、帆船、帆板等，可结合旅游设置休闲体育项目；积极开展丰富多彩的全民健身活动，扩大群众参与面，不断创新群众体育活动项目；结合本地山水、人文资源打造一批有影响、有规模、有特色、群众参与面广的品牌活动；以休闲体育服务为主，建设包括公共体育设施、商业体育设施、社会体育设施等多元化市民健身娱乐体育服务基地，营造双休日体育生活圈；以特色体育服务为主，建设包括水上运动、极限运动等特色体育服务基地和体育公园。

表 6-2　区级公共体育设施特色项目发展表

鹿城	着重发展游泳等特色项目，结合现状场馆进一步推广
瓯海	着重发展重竞技体育特色项目，加强摔跤、散打、拳击、跆拳道场地设施建设，承办城运会摔跤、跆拳道项目的比赛
龙湾	着重发展网球运动
瓯北	/
洞头	利用其本身海岛城镇的特色，着重发展水上体育项目，如沙滩排球、帆船、帆板等，可结合旅游设置休闲体育项目。同时，承担乒乓球运动，承担城运会乒乓球项目的比赛
七里	/

注：引用温州市城市公共体育设施布局专项规划（2011—2020 年）。

（4）温州中心城市公共体育设施布局生态考察分析。

①市级公共体育设施布局。

温州市级公共体育设施共有 12 处。保留现有仰义乡村俱乐部、温州市奥林匹克射击中心和温州凯易路马术俱乐部，改建现有体育中心为温州市全民健身中心，改建现有九山体育馆为温州市室内体育活动中心，新建温州奥林匹克体育中心（体育场）、温州奥林匹克体育中心（体育馆）、温州奥林匹克体育中心（游泳跳水馆和七都体育主题公园）、温州棋院、温州市中老年健身广场、温州帆船帆板基地。规划用地共 145.97hm^2，保留用地 80.34hm^2，改建用地 13.26hm^2，增加用地 52.37hm^2。

②区级公共体育设施布局。

在鹿城区规划西洲体育主题公园，瓯海区规划瓯海体育中心、瓯海体育公园、全民健身中心、国民体质监测中心、社会体育指导中心，同时建议逐步开放高教园区的体育设施，作为对瓯海区的公共体育设施的补充。龙湾区规划续建龙湾国际网球中心、新建瓯江口体育中心。瓯北区在瓯北中心区规划一处瓯北体育中心。洞头区规划洞头体育中心。七里区规划七里体育休闲中心。

③街道（镇）级公共体育设施布局。

规划每个街道形成以街道（镇）级公共体育设施为核心，以基层社区级公共体育设施为补充的格局。本次规划中心城区街道级公共体育设施结合温州管理单元划分设置，规划着重在三区范围内，通过与已编和在编控规衔接，三区共 61 个单元规划有街道级体育活动设施。（表 6-3）

表 6-3　温州城市公共体育设施规划表

分区	序号	名称	规划措施	规划用地规模（hm^2）
鹿城	1	温州市全民健身中心	改建	12.38
	2	仰义乡村俱乐部	保留	73.2
	3	温州市室内体育活动中心	改建	0.42
	4	温州市中老年健身广场	改建	0.46
	5	温州奥林匹克体育中心 （游泳跳水馆和七都体育主题公园）	新增	11.8
	6	西洲体育主题公园	新增	10
瓯海	7	温州市奥林匹克射击中心	保留	3.84
	8	温州凯易路马术俱乐部	保留	3.3
	9	温州奥林匹克体育中心（体育馆）	新增	8.94
	10	瓯海体育公园	新建	8.31
	11	瓯海体育中心	新增	7.33
龙湾	12	温州奥林匹克体育中心（体育场）	新增	26.67
	13	温州棋院	新增	1.2
洞头	14	温州帆船帆板基地	新增	3.76

注：引用温州市城市公共体育设施布局专项规划（2011—2020 年）。

2. 温州城市居民公园体育锻炼行为

（1）温州城市居民参加体育健身时间。

据调查，温州市民每周参加体育健身的次数大都集中在 2~3 次和 3 次以上，两项合计占总数的 70%，这说明温州市民平均每周参加体育健身的人数还是比较多的，全民健身意识比较强，这在某种程度上说明体育公园作为市民体育健身的主要场所之一将发挥其应有的价值和作用。

大多数市民到健身场所参加体育健身的时间大多集中在早晨和傍晚两个时间段。这种情况的出现与现在市民生活方式有着密切的联系。一般来说，白天是大多数市民上班的时间（除周末外），因此，市民选择早晨和傍晚进行体育锻炼是最佳的方式之一。但值得注意的是，在晚上有些体育公园的场馆是不开放的，这会影响人们参与公共体育健身的热情。这个问题，体育公园应予以解决。

（2）温州城市居民的公园体育健身活动项目。

温州市民经常参加的体育项目按照选择人数多少依次为跑步类运动、器械类运动、小球类运动、舞蹈类运动、棋牌类运动、垂钓休闲运动类等。这些体育项目除球类、器械健身类对场地器材设施有一定要求外，其余要求均不高，不受场地限制，有群众基础，集体活动氛围好。可见，居民在选择体育锻炼时，更偏爱于趣味性高和简单易操作的体育项目。健身人群中选择室外体育场所参与体育锻炼的人数较多，选择室内体育场所的人较少，只有 17.78%，有更多的人愿意接触自然，在大自然中进行绿色运动。而体育公园正好满足了广大城市居民的需求，有利于全民健身活动的开展。

（3）温州城市居民对体育健身设施要求调查。

大部分被调查的温州市民感觉目前的体育健身设施基本能满足健身需求，感到缺少场地器材的只占调查对象的 2.78%。总体来说，近年来政府对体育场地设施的投入得到了市民一定程度上的认可，但在器材维护方面还有待加强。

（4）温州城市居民对现有公园体育设施的满意程度。

大部分被调查市民感觉对目前现有公园的体育设施还算满意，但感到不满意和不太满意的仍占调查对象的 23.88%，现有体育设施的建设还需要进一步提高和完善。同时大部分被调查市民认为体育公园作为全民健身、居民休闲运动的主要场所，是城市休闲体系中不可或缺的载体，是人们缓解压力、调节心境、运动健身的最佳场所之一。

3. 温州城市体育公园发展建议

体育公园不单纯是为全民健身活动提供场所，更是体育文化沉淀、传承与发展的最有效载体。我国现有的体育公园中开展的各项体育活动大多为篮球、网球、足球、羽毛球等竞技性很强的体育活动，较少有体育公园考虑到当地传统体育活动的开展，温州体育公园应借鉴山东曲阜将儒家文化融入体育公园建设的模式，突出“山水温州，瓯越文化”的体育公园特色，从公园建设根本上满足当地群众的健身需求。

（1）温州城市体育公园文化主题建设要突出。

通过对温州城市体育公园的文化生态学考察发现，温州城市依山傍水具有很好的建设体育公园的地理环境和文化特色。相关部门对温州城市公共体育设施布局已经做出了明确的专项规划，其中七都体育主题公园、西洲体育主题公园和瓯海体育公园等的配套设施建设要突出各个公园建设主题。政府部门的指导、整合与协调作用是至关重要的；体育公园建设发展应遵循以体育锻炼为主题，突出规模较大、布局合理、环境优美、空气新鲜的原则，创造适合且方便群众健身、娱乐和休闲的生态健身场所，而其他一切服务、设施、环境均以此为中心展开；还要加强室内、露天健身设施的结合建设，使体育公园一年四季都能得到充分合理的利用。

（2）温州城市体育公园要加强科学健身管理。

由于受生活方式等因素的影响，温州城市居民的体育健身时间主要集中在早晨、傍晚及节假日，多数市民每周都参加体育锻炼。同时健身居民对体育公园健身项目的需求，因性别、年龄、文化程度、职业、收入差异而有所不同，所以体育公园的健身设施，涉及的体育健身项目要能满足不同人群的健身活动需求，在管理上应坚持以大众健身为目的，重视健身站点建设，公园内体育站点配有社会体育指导员，各健身项目指导员要落实到位，指导居民科学健身，使温州城市体育公园项目设置人性化，环境规划发展生态化，更加符合城市锻炼群体的价值取向。

（3）加大温州城市体育公园的宣传力度。

温州城市居民对体育公园的认知还不是很全面，体育公园被称为城市的“绿色氧吧”，其好处已经得到了大家的认可，应把各种各样的全民性的体育健身相关活动都放到体育公园来举行，提高体育公园在市民心目中的地位，扩大体育公园在市民当中的影响力。

（4）明确温州城市体育公园特色发展方向。

温州处于沿海地区，常年雨水充沛、日光充足，可以营造很好的体育公园生态环境。城市体育公园在借鉴国内外已有的建设经验上，充分发挥温州地域特色、传统项目特色、品牌赛事特色等优势。第一，发展普及型的城市体育公园，这一类型的城市体育公园属于大众锻炼场地的生态型体育公园，设置的运动项目种类繁多，但对体育设备要求不高；同时配套“温州传统体育项目运动区域”建设，如建立温州南拳体验馆、温州棋院等，以此为载体，向市民展示温州地域特色的传统体育文化，这类普及型体育公园将是居民集健身、休闲娱乐及享受城市体育文化于一体的场所。第二，发展赛事型的生态型体育公园，主要开展一些极限运动及高难度类运动项目，定期开展一些观赏性比赛活动，如开展山地户外运动训练营，定期让市民近距离感受这项极限运动的魅力，以提高这项运动的普及率，吸引年轻人参加体育锻炼，挑战极限运动。这类是集观赏、运动、比赛于一体的综合型城市主题运动公园。

四、珠海香洲区社区体育公园

（一）基本情况

从 2012 年开始，在珠海市委、市政府的大力支持和具体指导下，香洲区作为珠海市唯一主城区，对区内未经充分绿化的“边角闲置地块”和尚未充分利用的街头山边绿地等摸底排查，决定按照市民需求，在 5 年时间内，兴建 132 个社区体育公园。全部建成后的香洲社区公园将与绿道网、慢行系统连接起来，构成“点、线、面”相结合的绿色低碳立体全民健身网络。

社区体育公园是指建在（邻近）社区，为社区居民服务，并配有体育健身设施、配套服务设施、绿化与环境设施，具备较大规模的体育活动场地和充分的绿化率的公共活动空间，用以满足辖区居民的运动健身、休闲游憩和邻里交流的需求，达到促进居民身心健康的目的。[1] 相较于以往大型的体育公园，社区体育公园的规模和服务半径会更小，服务人群更趋向周边社区居民，体育竞技功能更弱，更趋向体育休闲、体育锻炼，同时也是社区体育未来发展的具体场所，更贴近社区居民对家门口运动休闲的需求。

（二）发展现状

目前，以“香洲社区体育公园”统一冠名的这种新型公园，已经建成 58 个，在建 33 个，其中最大占地面积 80000m^2，最小不足 1000m^2，全部向市民免费开放，从而在广东全省形成了“香洲社区体育公园”的品牌影响力。2012 年 7 月，香洲区沿河、柠溪、为农 3 个首批社区公园免费开放使用，引起市民一片赞誉，从此市民享受到在家门口踢球、锻炼、娱乐、休闲的全新幸福体验。2014 年春节，投资 2000 万元、占地 80000m^2 的大镜山社区体育公园落成启用，拥有 6 个羽毛球场、5 个篮球场、3 个网球场、2 个门球场、16 张乒乓球台和 30 件健身器材的“土豪”级配置让人惊艳和惊喜。大镜山社区体育公园以最齐全的体育设施、最完善的配套迅速获得市民的喜爱和追捧，成为市民健身、锻炼的“大卖场”。其后不久，梅华城市花园又以独有之色在众多社区公园中绽放异彩，大受市民欢迎。这个 200000m^2 的社区公园不仅有足球场、门球场、篮球场等娱乐设施，还有古朴的香蕉林和木瓜林，更预留了 3000m^2 的生态菜园提供给市民种菜、休闲、娱乐。整个社区公园被葱茏的树木遮盖，清幽宜人，野趣盎然，一年四季繁花似锦，让人流连忘返。

珠海香洲区社区体育公园目标定位是公益性、休闲化、氛围和谐、国内一流的全民健身主题公园。社区体育公园是政府向市民提供的公共服务产品；让更多的普通百姓享受无差别的均等服务，是政府追求的目标。社区体育公园从规划设计到建设施工，再到管理和维护，均体现“以人为本”的原则。敞开式管理，免费开放，项目设置考虑各个年龄阶段群众的需要；建有人性化的公共厕所，调整

[1] 王芳敏 . 广州二沙岛社区体育公园使用后评价研究 [. D]. 华南理工大学，2016：2-3.

公交路线方便更多市民参与，所有这些措施无不体现“亲民、利民”特色。[1,2] 香洲区的社区公园大小不一、各具特色，大部分都设置了座椅、廊架、庭园灯、景观亭、避雨木亭等设施，方便居民休闲休憩、交流沟通。不同公园还分别强化了舞台、舞池、广场等设施，使社区公园成为可观、可赏、可驻、可游、可玩的宜人生态空间，让市民开心而来，惬意而归，成为珠海的城市新名片。

（三）香洲区社区体育公园的建设启示

社区体育公园率先在珠海市香洲区试点建设，有效地解决了社区居民对运动健身、休闲游憩、邻里交流等方面的需求，缓解了体育休闲场所供不应求的矛盾，社区体育公园的建设不仅为市民打开了亲近自然的便捷空间，更为城市生态文化探索了解决问题的有效方案。

1. “以人为本”的设计理念

体育公园的分布应该做到均匀化，香洲区对社区体育公园的选址、定位进行了充分的考虑，使社区体育公园在香洲区均匀分布，尽可能地便利每一位公民。公园的场地设计体现了人性化、科学化、专业化和特色化的特点；公园环境设计包括功能分区、设施配置、园区流线等，突出不同功能，配置不同设施，应尽量满足不同人群需求，做到了利民惠民。

2. 建立公园管理长效机制

体育公园实行专业化管理，使设施、器材得到专业化维护维修；制定社区体育公园管理办法与使用规定，加强日常秩序管理，由附近居民自发组成管理机构，自主维持公园秩序——市民自治与自我管理的能力由此增强，引导居民正确、安全、文明地使用公园设施。

3. 加强公园教育和宣传工作

一方面，由于社区体育公园是政府为市民提供的公共服务产品，为了保证公共体育设施向社会开放、免费服务的基本特性，政府对体育公共服务资源的支配和调整的过程仍然占主导地位。另一方面，由于社区体育公园是向居民免费开放的公益性公共空间，在公园设施和卫生环境的维护过程中必将遇到一些难题，例

[1] 范冬云．公益性体育公共服务供给典型 [J]. 湖南人文科技学院学报，2013：12.
[2] 柳时强，珠海横琴综合管廊社会体育公园入选 [N]. 广东建设报，2016（003）.

如随意丢弃的垃圾、破损的雕塑小品等，需要通过加强公园教育和宣传工作，提升居民自觉爱惜公共物品和维护公园卫生环境的意识。

4. 注重地方体育文化塑造

文化内涵是体现公园特色的重要因素之一，能够让人们产生浓厚的归属感。未来社区体育公园的设计应加强地方体育文化的塑造。我国是一个有着悠久历史的世界文明古国，其文化底蕴非常丰厚。因此，可将文化底蕴融入体育公园中，以此将我国的历史文化和现代文明相融合，体现社会的文化内涵和文明进步。

根据以上案例分析可以知道，在建成时间上，上海闵行体育公园建立得最早，杭州城北体育公园较晚，两所都属于综合型的公园；而珠海香洲区社区体育公园则是新兴的、体现“亲民、利民”特色的公益性体育公园。从运动设施上看，上海闵行和杭州城北等综合性的体育公园的运动设施种类多，是普及性与时尚性的结合；九子体育公园为彰显地域文化特色，是以民间九子活动项目为主要运动载体的主题型体育公园；绍兴的体育公园以水上运动为主，并辅以简单的其他运动设施。从位置上看，杭州城北和上海闵行体育公园比绍兴的水上主题型公园交通方便，而且附近居民区多；而珠海社区体育公园更是就近建设。从面积上看，综合型体育公园不仅占地面积大，而且其中的设施也较为齐全，并且居民对其满意度也比较高；而主题性及社区型体育公园由于受规模和标准的限定，在服务半径、到达时间、人均公园占地面积等指标要求方面也不一样，因此效果也不尽相同。但是并不是规模小的体育公园发展就不理想，珠海香洲区的社区体育公园在建设和管理模式方面，为其他地区的体育公共服务实践提供了参照作用。

第七章　我国城市体育公园文化生态建设与发展

我们建设的现代化是人与自然和谐相处的现代化，在创造物质财富的同时，也要满足人民对优美生态环境的需要。城市体育公园在绿色中创造出功能完全、设施完善和环境优美的体育运动区，将极大地激发市民的运动热情。因此，建设体育公园是城市居民在一定物质生活条件满足之后，追求更高层次的生活质量的必然趋势。

一、全民健身理念下建设与发展机遇

全民健身理念的战略地位得到提升，使得体育健身休闲成为越来越多人的选择，而体育公园作为城市居民健身休闲的重要场所，无疑赶上了最佳发展机遇。人民群众的身体素质是建设全面小康的根本条件，是每个人健康成长和实现幸福生活的基础，没有全民健康就没有全面小康。体育的发展离不开广大群众的加入，而全民健身就是通过全民锻炼提高身体素质。随着人们对全民健身活动的认识进一步加强，在人民健康意识空前提高的发展背景下，“快乐体育、民生体育、和谐体育”的健身理念已走入百姓生活。

（一）发展公共体育设施建设，“快乐体育”深入人心

国家颁布的系列措施让人们对全民健身的理念有了更加深入的了解。户外健身设施应根据各地区自然地形、地质和景观条件，民族、民俗、民间传统文化设计和建设，因地制宜地开展群众喜闻乐见的体育活动。现在所提倡的健身不仅仅是体育锻炼，而是要选择适合我们自身的锻炼方式，推广我们自己的传统体育文化，使体育健身和群众的健康生活紧密地联系在一起。现在我们进行体育锻炼不再仅仅局限于竞技比赛的项目，市民自己喜爱的项目逐渐被推广，使越来越多的

人走出家门，和家人朋友一起进行运动锻炼。在环境优美、生态良好的运动场所进行体育锻炼，人们自然而然地会感到健身带来的快乐，而在政府大力发展公共体育文化设施的阶段，体育公园无疑是最符合这一思想理念的公共健身场所。

（二）公共体育服务不断提升，“民生体育”走进百姓生活

我国自2009年颁布《全民健身条例》到现在，全民健身上升到国家战略层面，这其中所发生的改变是十分巨大的，体育已经成为国家发展新的经济增长点。现阶段的全民健身理念不仅仅是要人们具有坚持锻炼的意识，还要有服务于人和体育所体现的包容心态，这样的话，人们对体育锻炼会产生新的认识，也能让体育职能部门向着提高我国整体素质这个目标做出相应的调整，体现体育事业的社会价值，真正使体育惠及民生。这一理念是切切实实地从人民自身利益出发，是为人民服务的。所以全民健身理念真正地被人民所宣传、推广，也更加深入人心。

体育公共服务对于推广更新全民健身的理念起着至关重要的作用，以前人民健身或许仅仅是为了身体的健康，现在同以前相比，人们在追求健康的同时，也在追求着运动质量的改变。百姓身边的公共体育设施建设应根据各地区经济和社会发展水平、人口规模、环境条件、群众需求等，合理确定建设项目和建设规模，做到选址合理、功能完善、设施齐全、安全可靠。以前我国发展体育事业是以国家为主导的举国体制进行，当我们放手让民众自己选择运动的方式，国家、政府只是作为民众进行体育运动的服务者、行为的管理者，这时的体育才是符合民生的，才真正走进了千家万户。

（三）全面发展体育事业，“和谐体育”理念悄然形成

体育是人类自身生物本能的社会改造和文化生成。体育是关乎国民体质、生命质量、精神风貌和文明程度的社会事业，是生命之脉、家国之基，是激发创造、塑造未来的重要力量。[1] 现代体育在帮助增强人们体质的同时，也被赋予更多的要求。如何在满足身体锻炼要求的同时，满足自然和心理的需求，使人与自然、人与社会、人与环境达到和谐统一？现在大众健身对运动环境、运动项目的合理选择等，都是人们在对运动生态和谐的重视，这些观念正随着社会的发展深入人

[1] 鲍明晓．“十三五”我国体育发展战略研究 [J]. 上海体育学院学报，2016, 40（2）.

心。所以当前全面发展体育事业的新阶段，“和谐体育”的理念已经逐步树立，在“和谐体育”理念的指导下，政府部门在建设公共体育设施的规划中，需要认真研究人与自然、社会以及自身的关系，其实质就是从文化生态的视野去思考全民健身事业的发展路径。

综上所述，城市体育公园的出现迎合了现代大都市及城市居民的需求，它不仅拥有一般公园的功能，还能将绿地与运动有机结合在一起，同时也为城市居民提供更多充满情趣的体育活动以及锻炼身体的好机会。当然随着全民健身事业的发展，绿色化和生态化发展是大势所趋。现代人去健身房锻炼，去体育馆打球，正所谓“花钱买健康”，说明人们越来越重视身心健康。国家政策理念的改变使人们的运动日益多元化，人们追求快乐体育，希望政府放权，呼吁市场做主的民生体育、重视健身方式和环境相融合的和谐体育，意在倡导一种健康文明的生活方式，不断丰富体育文化的内容。体育是和谐社会的重要组成元素，全民健身则是最好的实现途径。

二、城市体育公园建设“生态化”

体育公园之所以区别于其他普通公园，是因为它能够融绿色环境与体育活动于一体，将生态循环与运动健身相结合。所以，体育公园文化生态建设应以人与自然的和谐为基础，以人与社会的和谐为条件，以人与自身的和谐为目标，通过体育公园自然生态环境和社会生态环境方面的建设，以实现人类、体育、环境的相互协调、共生共融、共同发展。从生态体育角度看，人们运动方式的转变，结合建设环境友好型、资源节约型社会的科学指导思想，为社会转型的重要时期，为建设节能降耗的绿色运动场地提出了“生态化”的标准。

（一）建立生态型的运动公园

现如今，城市体育公园的文化生态建设首先就是要建立起以突出“运动健身”为主要目的，并且能够彰显园区的生态价值，体现园区的生态环境功能，从而达到服务全民健身理念的体育公园，是人们和自然环境相和谐发展的公园。为此，我们应当对未来城市体育公园的体育运动和生态环境结合给予更多的考虑。这种生态型的体育公园的建设，使更多的市民有了更多的城市绿色空间进行健身、娱乐，体育公园为市民提供了平台，从而推动了城市居民的生活质量，使其业余文化生活得到持续改善。

生态型的体育公园，不仅是为了锻炼身体，还能愉悦心情。这恰恰是现在体育精神文化生态所提倡的锻炼方式，人们在运动竞技中追求“更快、更高、更强”的身体状态的同时，还要寻求与心灵的和谐，它具有增强体质、愉悦身心的价值取向。注重健身环境的建设是生态型体育公园和体育行为文化生态相结合的重要环节，他们共同倡导体育锻炼要结合不同的技术手段，学习合适的训练方法，以淳朴的运动形式进行体育健身，这是“返璞归真”的意义所在。

（二）建立亲民型的健身公园

体育公园不仅能够为市民提供休闲健身的环境，而且要结合各地的特点和居民的锻炼习惯。建设体育公园，展现本区域的文化，吸引城市居民到公园进行休闲健身，这对提升城市的品位具有极其重要的作用，而且还促进了本地文化的推广。在调查了解居民运动习惯的基础上，对体育公园的选址、内部项目的设置、配套设施的建设进行讨论和设计，每个体育公园所处的地理位置不同，级别定位不同，居民需求不同，注定了不同的体育公园应具有不同主题、特色和规模。既要开展各项群众基础好的体育活动，如篮球、足球、网球、羽毛球等竞技性的体育活动，又要考虑到当地传统体育活动的开展，不能忽视了地方体育文化的表达，这样才利于城市文化的发展与延续，才能从根本上满足当地群众的体育休闲活动需求。这种便民、亲民型体育公园才是吸引居民进行锻炼的场所。居民有了良好的锻炼习惯，才能提高自身的身体素质，从而减少医疗消费的投入，而市民的身体素质的提高对于其劳动生产效率有更大的提高。随着城市生活节奏的加快，人们更倾向于选择简单、便捷、舒适的运动方式，所以身边的“15 分钟生态健身圈”、简易操作性强的运动方式也成为城市居民健身的追求。

（三）建立特色型的传统体育文化公园

体育文化生态强调的是传统体育中的精神文化生态、制度文化生态、行为文化生态和物质文化生态的和谐统一。体育公园的文化生态建设正好同我国传统体育的健身理念相符合，即体育的物质文化要和其所相关的精神文化相联系。特色型体育公园建设就是要倡导生态文明社会人们的价值取向中经济发展观念和生态环境的整体共存的建设方向。所以在体育公园建设时，无论器材设施、场馆设计、公共基础设施的选择，还是场地的选择、场馆的维护都要符合文化生态要求。

现代文化对传统文化的冲击同样影响到了我国的传统体育文化，但随着居民民族意识的增强，我国的民族传统体育文化也在逐渐受到人们的重视。充分挖掘体育公园的特色优势，以健身休闲娱乐为核心，密切结合城市历史背景、民俗、文化、群众艺术等要素，让生态、人文及富有时代气息的多种元素，使我国的民族传统体育文化在体育公园的平台上竞放异彩。民族传统体育的健身性、教育性、竞技性在历史发展过程中表现得较为突出，尤其表现在我国少数民族的传统体育，处处体现着各民族不同生产生活方式及其文化心理结构，而且具有浓郁的民族特色，具有民俗性、观赏性和娱乐性；因此传统特色的体育文化公园对各民族市民有很强的吸引力，而且各民族的生态体育文化具有极强的旅游价值，其独具特色的自然生态景观之美和文化生态体育吸引着大量游客的向往，是文化旅游、民族观光、原生态文化的重要组成部分。同时，进一步提高群众参与度，举办形式多样的群众文体活动，加强体育健身指导，有利于调动群众参与全民健身的热情，增强城市体育公园的活力和生命力。

三、城市体育公园文化生态发展路径

人民群众在生活水平得到显著提高的同时，对运动健身、休闲游憩、邻里交流等各方面的需求也日益强烈。一个地区运动设施的数量多寡、规模大小、使用率高低、是否有完善的科学管理等现况，不仅反映该地区体育发展水平，而且体现着该区域的经济、文化水平。为落实全民健身计划，在城市空间有限的情况下，根据各地城市公园的规划及设施内容，兼顾城市发展和市民的休闲生活质量，城市体育公园发展就显得尤为重要。

（一）体育公园规划设计科学化

体育公园的规划设计要做到人性化设计，坚持以人为本的原则；要突出主题性，丰富公园的文化内涵；要营造公园的愉悦气氛，开发多样化体育项目和休闲活动；景观的布局设计要整体兼顾科学，下面主要围绕体育公园规划设计理念、公园选址（数量、等级规模、服务半径）、功能布局和设施配置等几方面进行分析。

1．体育公园规划设计

体育公园的规划设计是指对体育公园的总体空间布局和项目设施建设进行设计。体育公园规划与设计要从科学发展观出发，首先要做好宏观规划，根据每个城市或每个区域的经济、人口、消费水平、消费习惯等因素，综合考虑建设适合不同年龄、不同需求、不同群体、不同规模、不同级别的体育公园；然后微观方面要结合体育公园规划内容，包括总体布局、植物景观、辅助设施、竖向设计、道路交通等方面[1]，具体的如公园的交通、生态环境、能源、给排水、基础设施、信息设施以及体育场馆建筑的设计与实施多方面进行合理规划，建设人、园、自然和谐共存的现代化生态体育公园。随着体育公园的服务对象开始转向城市普通民众和体育爱好者，其规划建设不能只作为运动的场地来进行，应该把健身居民对健身环境的需求看作设计规划的重要一环。坚持“以人为本”的建设理念下的体育公园，首先要考虑的是在生态环境的前提下使用者的需要，使静态环境和动态运动相结合，创造一个积极和谐的氛围，为城市居民提供一个融合体育健身、休闲娱乐、文化交流的场所；同时，一定要考虑城市文化的特点、背景及其对体育项目开展的影响，着重发展一些符合或突出地域、城市文化特色的体育项目和设施，不断丰富体育公园的文化内涵，保证体育公园具有强有力的发展活力和潜力。

2．体育公园的合理选址

体育公园选址的重要性不言而喻，地理位置的选择是影响公共场所人流量的首要因素。影响地理位置选择的因素有：所选区域的经济条件、交通情况、人口居住密度等因素，此外对公园建设等级规模也应该考虑。目前，我国城市大部分体育公园在结合本区域的各项指标因素进行综合选址，多数都建立在市区及郊区，一般属于市级公共服务健身场所，服务半径充分考虑交通等便利性因素，让每一位城市居民都能均等享受公园休闲健身权利，给居民创造一个高层次的体育文化生活氛围，提高居民的生活质量。

由于我国城市人口众多，用地紧张，交通拥堵，导致我国体育公园的面积不

[1] 赵明月．翟国勋等现代体育公园景观规划探索 [J]. 城乡规划，现代园林，2008, 10.

会很大，但是数量较多，因此社区型体育公园将成为今后发展趋势。社区型的体育公园主要服务人群是其附近的几个周边社区的居民，在面积上是最小的体育公园，而且其服务半径比较小，居民进行运动和锻炼极其方便，这也正是符合了社区居民运动健身、休闲游憩、邻里交流等各方面的需求。

3. 体育公园的基础设施配置

体育公园的规划设计应该突出“人”的核心价值，在设施配置上，公园设计要有自身的主题，要塑造体育公园特色品牌，通过运动设施突出特色项目的建设，使公园的生态环境建设和人文环境建设相结合，在满足市民运动健身需求的基础上，寻求精神和心灵的环境影响力，努力建设成为具有体育主题特色的城市绿色园林公园。

在以“体育”为主题的生态体育公园的建设中，总体布局上应以优美环境为空间基础，以运动设施和绿色景观为物质保障，突出体育功能和景观效果，精心设计和规划各区的交通、绿地、植被和水源，力求在人类活动与生态环境之间达到平衡。因此，体育公园规划建设要更加突出地域文化，主题规模要呈现多样化，创造多元化的运动体验才是建设之本，设计者和管理者们需要认真研究和论证，体育公园的运动设施要因地而异，各地区应根据当地人民的运动喜好设置体育项目，规划设计上要十分注重与本地实情相结合，在充分了解人民运动需要的基础上，规划建设群众喜爱的运动项目为主题的体育公园，要为不同年龄段的人服务。这种从设施及运动项目设计角度出发，体现出对社会弱势群体关注的“健康运动主题公园”值得借鉴。主题鲜明的体育公园将成为今后建设的趋势。

4. 体育公园的功能分区

体育公园是将城市有限的土地进行规划建设，所以其空间利用要实现最大化。现有的城市体育公园总体功能布局上，一般把体育公园分为休闲娱乐区、健身运动区、综合服务区、青少年活动区、水上游乐区、游览观光区等，这些形成了完善的功能体系，以此满足城市居民对绿地和健身的需求。据对现有开发的公园资源调查，我国城市体育公园规划建设绝大部分都是功能多样化的和集合化的。功能多样化能够更好地满足民众体育参与和体育消费的需求。不难理解，功能单一的生态体育公园只能满足民众较为单一的体育运动参与诉求；毫无疑问，不管何种大小的生态体育公园，功能越多，所能吸引的参与群体也越多，也更能满足居民的多元健身需求。但是目前我国体育公园在时空资源、休闲人力资源、休闲经济资源等方面的复合利用率较低，存在体育公园的利用效益没有最大化问题。这与我国年轻的体育公园发展历程有关系，国外的体育公园在这方面给予我们启发，提示我们在发展传统意义的体育公园过程中，应更加倾向于创造多样化的运动体验和多元化的运动空间，丰富其功能类型，使体育公园项目建设成为提高我国居民健康生活品质的惠民工程。

从国内外体育公园发展过程来看，因社会需要的转变，修建体育公园的目的以及公园的功能也随之变化，从而引起形式上的变化。当前以体育场馆为主的体育公园，或者方便高龄者或不太运动者利用的健康运动空间，或体育运动场与自然公园相结合的体育公园等，都是同一事物在不同社会背景下的不同表现。透过这一现象也让我们认识到，体育公园的规划设计不应局限于固有的思维模式而应该是一个动态的过程，[1] 作为公园的设计者应当随社会需求的变化而变化，设计出体现时代特征的体育公园，一个项目能够成功并且保持持久的活力，而且必须有公众在各个方面的积极参与，当居民积极参与到公园发展中时，他们才会有更多的主人翁责任感，才有助于促使当地居民在使用公园的同时，保护其不受恶意破坏。此外，积极的公众参与，也可以为体育公园赢得更多的支持与公共投资。只有让居民感觉到他们参与了公园的发展，才会激发他们对体育公园的珍爱。

（二）体育公园管理绿色化

1. 市场化运作

公益性与市场化相结合是体育公园发展必经之路，市场经济发展的影响是全面的。目前，我国多数体育公园运营状况仍不理想，往往在使用后，因日常维护成本高、后续缺乏持续的经费投入而最终处于闲置状态，社会上对加强体育公园利用的呼声也愈加强烈。作为人们休闲健身的公共场所，应当要强化经营理念，在坚持公益性的前提下，通过整合公园现有的基本设施资源，增设餐饮、娱乐、康体、培训服务等多功能服务区，大胆探索和创新管理体制与运行机制，不断降

[1] 孙福林 . 体育公园初步研究 [D]. 北京：北京林业大学，2009.

低运营成本，提高管理效益，实现体育公园由单一功能向多功能综合体的转变。[1]

新西兰国家公园系统内，全面履行特许经营制度，即公园的餐饮、住宿等旅游服务设施向社会公开招标，经济上与国家公园无关。特许经营制度的实行，形成了管理者和经营者角色的区别，避免了重经济效益、轻资源维护的弊病。其特许经营的收入主要投入到国家公园的基础设施建设中，为公众提供更为便利的服务设施。特许经营既缓解了国家公园面临的巨大旅游压力，又满足了政府发展旅游、增添财政收入的需要。[2] 因此，新西兰国家公园特许经营模式不失为我国体育公园当前面临的解决生态保护资金的一种有效借鉴。在体育公园市场化过程中，既要重视市场的自发调节作用，也不能忽视体育公园管理部门的行政管理职能，这样才能有效避免“政府失灵”和“市场失灵”等各种不良现象的发生。引入市场机制，建立公园和开放空间的使用与商业、服务业的有机联系也是一个新的趋势。

2. 运行保障机制

我们在第四章曾提到，针对体育公园开放与管理模式，美国对城市公园和开放空间的维护管理主要有 3 种不同的经营管理模式值得我们借鉴。我国体育公园是公共体育设施的一部分，体育公园建设初期基本是通过国家的投入建设，而后期维护管理则需要政府、社会以及公众的共同参与，即发挥市场经济的功能和国家保障的作用才能促进体育公园的健康持续的发展。因此，制定合理的保障机制用以促进体育公园的发展，保证其更好地提供服务。其运行保障机制主要内容包括以下 3 个方面。

（1）保障手段。

要对体育公园保障机制进行深入研究，其保障手段是最重要的部分，本研究将其运行保障手段归纳为国家政策经费的投入、管理服务队伍的建设、民间资本的投入、社会舆论的宣传等方面。

第一，国家政策经费的投入。目前，国内外大型体育公园的投资大部分都是以政府为主。我国体育公园的建设是靠政策的规定指引和政府的财政投入进行的。近几年，我国颁布了多项国家政策来促进公共体育事业的发展，公共途径应该继

[1] 游战澜 . 我国体育市场发展的路径选择研究 [J]. 山东体育学院学报，2010（8）.
[2] 郭宇航，包庆德 . 新西兰的国家公园制度及其借鉴价值研究 [J]. 潘阳湖学刊，2013（10）.

续是城市体育公园发展和运作的主要途径。体育公园发展初期，要深化对体育公园公益性基础设施的认知，加大政府财政的投入力度，切实保障城市体育公园的功能能够得到充分地发挥，所以国家资本的投入是其建设的主要建设方式，这种公共模式应该说，对于大规模的公园的发展是非常重要的。对于我国的体育公园建设，无论是前期的策划投资，还是后期的建设、经营和维护等，都必须建立在政府的政策法规保障的基础上才能得以健康持续地发展。

第二，管理服务队伍的建设。体育公园建设是一项长期惠民工程。体育公园的发展建设不仅仅需要做好规划，一支经验丰富的专业管理服务队伍具有不可替代的作用。管理层是其发展的核心，城市化的加快，需要体育公园管理人员与时俱进，在以前管理经验的基础上，不断吸取新的管理方式：一方面，必须明确体育公园管理服务职责；另一方面，应该有计划地培养一批体育公园组织人员、管理人员及负责指导的社会体育指导员，并定期对这些人员进行理论知识的更新与业务考核，确保体育公园管理队伍的建设合理。

第三，民间资本的投入。社会援助是指通过社会各个团体向体育公园进行经费和其他方面的援助，在很多地方称为民间投资，也称为私人投资。私人部门通过捐赠或捐助的方式，协同公园的主管部门即政府或公共管理部门管理公园的发展，并为之负责。当然私人部门还可以通过不同的募款活动，或者通过特许经营和赞助等方式，提供进一步的资金，继续参与公园的建设发展。这些援助在现在看来就是市场经济条件下民间资本对公共事业的投资，也是我国体育公园建设中亟需的社会资本投入，其性质是公益的，政府与社会主体建立起“利益共享、风险共担、全程合作”的共同体关系，政府的财政负担减轻，社会主体的投资风险减小。[1] 目的是为了使体育公园可以避免经费不足所造成的发展困难，使体育公园可以正常进行建设与发展。

第四，社会舆论的宣传。现阶段，我们的体育公园在宣传方面还有很多不足，社会发展如此快速的时期大多数社会民众主要是通过宣传认识体育公园。体育公园的宣传在建设、运营及其管理中也有着重要的作用，是向社会公众展现体育公园的有效途径。体育公园要想做到可持续发展，必须先增加其利用率，不能使我

[1] 王敏芳 . 社区体育公园规划建设的影响因素与发展策略 [J]. 城乡规划，2016（05），71-76

国的体育公园建造之后变成闲置用地，造成资源的浪费；要增加其利用率就必须对其进行宣传，让人们了解到与其花大价钱进入到封闭的健身房锻炼，不如移步至空气清新、环境宜人的大自然中进行体育锻炼，参与体育活动。加强宣传的途径，一是建立体育公园网络服务的长效机制体系，可以建立相关网站，使公众方便快捷地了解体育公园的相关信息，从而更加方便服务；二是通过社会各种媒体进行，在打造本体育公园品牌的同时，注重电视媒体的作用，通过媒体的宣传，扩大自己的影响力，收集有利于体育公园建设的信息，在宣传的同时，也要注重体育公园信息的反馈，要做到了解民心、民意，建造真正适合群众需要的，能够让他们参与其中的体育场地及体育设施，只有建设符合群众需要的体育公园，才能保证我国体育公园的可持续发展。

（2）保障对象。

体育公园运行保障对象包括社会成员和社会制度。从供给的角度来说，经济水平、政府政策、用地可行性、经营管理模式等都影响着体育公园的建设发展。从需求的角度来看，居民消费方式决定体育公园的功能，而人群差异性需求可影响到体育公园的服务半径和设施配置类型。体育公园实践这一保障是在稳定的经济、文化、社会发展中进行的。要想实践这一保障，首先要保持社会、经济、文化的稳定发展。体育公园的发展建设是一个循序渐进的过程，尤其是在其建设后、使用中，公园内的安全服务要有保障。为此，体育公园首先要建立完善的服务保障和管理体系，如制定相关的管理条例、管理办法、实施要求与细则等，使公园各项管理制度化、规范化，更好地服务群众，更加地符合使用者的需求，这是对市民也就是社会成员的保障，而以上的实践都离不开体育公园健全的管理制度保障。

（3）过程监管保障。

体育公园保障过程主要包括在对体育公园规划建设时期进行政策、资金上的支持，政策法规保障是体育公园得以健康持续发展的关键要素之一。从公园建设的先进经验来看，美国的国家公园体系和英国的郊野公园都是通过立法保障其公园建设工作的顺利开展。所以国家政策和资金投入的落实，是体育公园建设发展的前提保障。一方面，实行专业化管理，将建成使用的体育设施、绿化与环境设施等全部纳入市政公共设施养护管理，明确有关资金安排，使设施、器材得到专业化维护维修；另一方面，可制定体育公园管理办法与使用规定，明确“政府负责、社会协同、公众参与”的社会管理格局，加强日常秩序管理，统一标识，标明注意事项，引导居民正确、安全、文明地使用公园设施。在其管理服务时期进行体育公园的服务调查，通过收集体育公园参与者的数据并进行分析，了解市民需求用以改进体育公园是保障其发展建设的重要保证；对体育公园发展建设进行阶段性的总结和调节，发现服务中的优势和亮点，找到存在的问题，扬长避短，改进建设，为市民提供最好的休闲运动场所。可以这样理解，体育公园建设离不开过程监管这一环节。

3. 组织管理体系创新

体育公园是我国城市居民休闲、娱乐、健身的公共场所，是改善和提高居民生活环境和生活质量的公共空间。其建设与运营主要依靠政府的政策扶持及财政拨款，然而面对人民群众日益增长的多元化、多层次健身健康需要与体育公共服务有效供给不平衡、不充分的矛盾，体育公园传统的管理模式已不适应全民健身工作的有效展开。当前我国体育公园管理与维护成本的骤涨、公共资源的过度利用等问题，给城市体育公园传统的经营管理方式带来很大的挑战，为此，急需探寻一条既经济节约，又能提高环境效益和生态效益的多赢的管理模式。

第一，要完善体育公园综合开发的规划体系，改革规划制度。在调查研究、专家论证的基础上，寻找出既适合中国国情，又能够长远指导体育公园综合发展的整体规划体系。在此基础上，发展不同区域性的特色体育，制定出符合当地实际的地方体育公园综合开发的建设规划。主要应考虑如下几个方面：一是政府对工作的重视程度，二是财政能力，三是是否有充足的资源优势，四是是否有广阔的产业前景，五是建成之后是否有足够的资金来进行保护和维修。

第二，组织管理体系，创新发展目标。通过实施“管养分离”和“事企分离”等有效方式，逐步建立起与社会主义市场经济体制相适应的体育公园管理体制和与自身发展需要相协调的新机制；通过实施“规划——资金集约化，监管——服务标准化，养护——经营市场化”的管理新模式，逐步实现以人为本、市场运作的创新发展目标；同时要通过加强公园组织机构力量，不断提升体育公园景区品质，增强社会公共服务能力，实现经济效益、社会效益、生态效益的新增长。

第三，规范管理，建立市场化竞争机制。为确保体育公园持续、正常地使用，避免出现重建设、轻管理的现象，应建立健全规划、建设、管理的长效机制。对建成的社区体育公园加强后续管理维护。一方面实行专业化管理，将建成使用的体育设施、绿化与环境设施等统一实施服务外包，原先由“政府园林管理部门”下属的专业性公司优先承揽，待条件成熟后，经管理部门批准，再通过市场化手段引入竞争机制，允许社会各类公司参与竞争。通过市场化手段，使体育公园后续管理维护能够降低养护成本，提高服务质量和效率，实现“低成本、高质量、优服务”的根本目标。另一方面，可整合政府的各相关部门，协同园林局、体育局、文化局、工商局、妇联以及城管等单位，将注意力集中于资源的共生、多重利用和功能互动上，建立“政府主导、各部门协同、公众参与”的体育公园社会管理格局，加强日常秩序管理，引导居民正确、安全、文明地使用公园设施。[1]

目前，我国体育公园的发展处于初级阶段，还有待于进一步的加强和完善，以运动为主题的体育休闲公园正是顺应了都市人的实际需求，加强绿化、改善生态、积极运动和增强体质是城市居民的心声。因此，建设体育公园是适应时代发展的潮流，追求更高层次的生活质量的必然趋势。全民健身不应仅仅是口号，更要付诸行动，开展积极健康的体育项目，满足人民多样化的健身需求，优化系统结构与功能，提高健身活动的多样性以及休闲系统的弹性，最终实现体育公园健身系统高层次的生态平衡，促进体育公园文化生态可持续发展。

[1] 王敏芳．社区体育公园规划建设的影响因素与发展策略 [J]. 城乡规划，2016：05－71－76